SV



Sonderdruck
edition suhrkamp

# Die Erfindung des Westens

## Eine deutsche Geschichte mit Will McBride

Ulf Erdmann Ziegler

Suhrkamp

Erste Auflage 2019
Originalausgabe

Satz: Satz-Offizin Hümmer GmbH, Waldbüttelbrunn
Druck: CPI – Ebner & Spiegel, Ulm
Umschlag gestaltet nach einem Konzept
von Willy Fleckhaus: Rolf Staudt
Umschlagfotos und alle Fotos im Innenteil:
Will McBride, © Shawn McBride
Printed in Germany
ISBN 978-3-518-07499-2

# Die Erfindung des Westens

Nach Deutschland Die Bundesrepublik war vier Jahre alt, als Will McBride mit der amerikanischen Armee nach Deutschland kam. Der zweiundzwanzigjährige Soldat dachte nicht, dass Fotografie seine Berufung wäre, aber fing sogleich an, schwarzweiße Bilder zu machen, zunächst von anderen GIs in Würzburg, wo er stationiert war. Soeben entlassen, zog er 1955 nach Berlin. Nach Stationen in München und Frankfurt kehrte er in die wieder offene Stadt Berlin, kurz vor der Jahrtausendwende, zurück. Sein Hauptwerk aber entstand in seiner Münchner Zeit im Umfeld der Zeitschrift *twen*.

McBrides fotografisches Œuvre hatte eine autobiographische Wurzel und wuchs in eine soziale Gestalt. Seine Bilder waren lebendig und leicht verständlich, obwohl sie oft eher aus Andeutungen bestanden, also überhaupt nicht dem geltenden Dogma folgten, dass Fotografie »das Typische« abbilden solle. So ist seine Beobachtung des Jungen in Berlin-Schöneberg, der nur mit der Unterhose bekleidet auf dem warmen Straßenpflaster liegt, ein phantastisches Foto über kleine Freuden der Nachkriegszeit. Es ist aber auch ein archaisches Bild über Empfindungen der Kindheit. McBrides Figuren stellen dar, wie sich das Leben in einem bestimmten Moment anfühlt, anreichert mit Sinn, auf anrührende Weise stillsteht.

Man sagt der Fotografie nach – im Gegensatz zur Malerei –, sie könne nur abbilden, was bereits geschieht oder soeben geschehen ist. Das ist aber nicht richtig. McBride sah die hedonistische Öffnung der Bundesrepublik voraus und wendete sie affirmativ ins Humane. Nichts spricht dagegen, seine Fotografien als Dokumente zu dechiffrieren. Dabei aber entdeckt man: Will McBride war ein Visionär.

Fotografie wurde bis hundert Jahre nach ihrer Erfindung als Technik verstanden. Später wurde es üblich, sie ein Medium zu nennen. Zuletzt ist sie als Sonderfall von Kunst wahrgenommen worden. McBrides Erfolge fallen in die Zeit der Fotografie als Medium. Im Zenit seiner Karriere gelang dabei etwas, was selbst unter den größten Fotografen der Welt selten geblieben ist: ein Buch, das eine tiefe Wirkung auf die Gesellschaft ausübte. Es hieß *Zeig Mal!* und nannte sich auf dem Cover *Ein Bilderbuch für Kinder und Eltern*. Es hat die gesamte verstaubte Literatur der Sexualaufklärung weggefegt. In der Geschichte der Bundesrepublik ist *Zeig Mal!* so wichtig wie die Studie der Mitscherlichs über *Die Unfähigkeit zu trauern*, wie Willy Brandts Kniefall in Warschau, das freischwebende Dach des Münchner Olympiastadions von Frei Otto oder die *Honigpumpe am Arbeitsplatz* von Joseph Beuys auf der sechsten documenta – ein Shifter im sozialen Code, eines der wenigen singulären, kulturellen Signale einer nicht mehr umkehrbaren Moderne.

Wahrscheinlich gibt es keinen Fortschritt ohne Rollback, aber wer aktiv und willentlich teilhat an einem Modernisierungsprozess, geht vom Gegenteil aus. In der Nachkriegsgesellschaft konnte ins Gefängnis kommen, wer junge Unverheiratete bei sich übernachten ließ; Mitte der siebziger Jahre lebten Tausende junger Leute in Wohngemeinschaften. Eine Abtreibung gab es nicht mehr beim Quacksalber. Den Wehrdienst konnte man irgendwann aus Gewissensgründen verweigern, erst durch eine »Gewissensprüfung«, dann per Postkarte. Der »zweite Bildungsweg« durchlöcherte das Klassensystem der Schulen. Man kann es damit erklären, dass sich die Mehrheit der Wähler von den Leitmotiven des Adenauerstaats abwandte und eine »sozial-liberale Koalition« die Geschicke übernehmen ließ, für immerhin dreizehn Jahre. Aber der gesellschaftliche Wandel fühlte sich an wie eine Öffnung der Schleusen. Das Gemeinwesen stieg in einen Jungbrunnen und kam jung wieder heraus. Es gibt keine Formeln für das, was neu ist; das Neue muss erfunden werden. An der Erfindung Westdeutschlands als offene, mobile und hedonistische Gesellschaft hatte Will McBride seinen Anteil.

Was Will McBride fotografierte, war eingebunden in ein Narrativ, das der Fotograf selbst lieferte und gelegentlich variierte. Demnach war er ein Sinnsucher aus einem puritanischen Milieu, der das zivile Leben als Negativ des Krieges deutete. »Ich verließ die Armee und blieb im Lager des Kalten Krieges«, schrieb er über seinen Umzug nach West-Berlin im Jahr 1955. »Ich sah mich als Pionier, dessen Seele in Leder gehüllt ist, während er das Gewehr des Friedens aus den Wäldern der Appalachen in die schreckliche Wildnis der Völker trägt.« Die Besiedlung des amerikanischen Westens wird ausgeweitet nach Europa, aber der soeben entlassene Soldat sieht sich in der Gestalt eines Indianers. Er ist zunächst absolut fremd und versteht auch »das Sprachengewirr« der Vier-Sektoren-Stadt nicht.[1] Wie sollte er auch? Als er unter den Deutschen gleichaltrige Freunde findet, wird ihm klar, dass diese jungen Leute nicht nur von den Amerikanern befreit worden, sondern dass es allesamt Kriegskinder sind. Ja, sie tanzen zusammen zu altertümlichem Jazz, aber was sie versuchen zu vergessen, ist nicht für jede und jeden dasselbe. Er notiert: »Lang lebe der Ragtime! Zieh die ausgefransten engen Hosen der Cowboys an, Jan. Geh unter die Dusche, damit sie einlaufen und Farbe verlieren. Vergiß das braune Hemd und die Armbinde mit dem krummen eckigen Zeichen. Zieh das hier an. Hier, dein Pullover, ein paar Nummern zu groß, lässig und bequem. Nimm die Trompete und fang an zu spielen. Die Akkorde gehen so, blues und easy. Laß dich gehen, Jan. Der Krieg ist schon lange vorbei.«[2]

Die Kleiderordnung ist wörtlich zu nehmen: Die Begegnung der jungen Männer und Frauen wird eine Frage des Stils. Wer es schafft, genau *so* auszusehen, gehört auch schon dazu. Sie kommen zusammen bei einem Bootsausflug auf der Havel (oder der Spree), um sich selbst zu feiern, ihre Unabhängigkeit, ihre Schönheit, ihre Clownereien, ihre todschicke Melancholie. Der amerikanische Maler mit seiner Kamera ist an Bord. Er choreographiert die Natürlichkeit der Körpersprache; sorgt dafür, dass nur im Bild ist, wer richtig aussieht; schöpft aus einem Tag einen Lebensstil. McBride setzt West-Berlin auf die Landkarte existenzialistischer Hipness.

Erst in den achtziger Jahren würde dies ein fotografisches Genre werden: Lifestyle. Gemeint ist eine Nische der Publizistik, weder Mode noch Reportage. Man könnte vielleicht sagen, dass dieses Genre einen Lebensstil eher vorwegnimmt als eigentlich abbildet. Es braucht dafür auch keine Akteure, die tatsächlich so leben, aber sie sollten es wenigstens herbeisehnen. Unverzichtbar ist der Beobachter, der den Trend erspürt, lange bevor er Mainstream wird. Ganze Berufssparten können darin verwickelt werden, Art-Direktoren, Texter, Stylisten. So ist es später gekommen, aber hier, 1957, stilisiert die Gruppe sich noch selbst. Der Fotograf wächst in die Rolle eines Produzenten; er muss sehen, dass die Logistik stimmt, genügend Leute kommen, die Accessoires vorhanden sind. Dann, auf dem Boot, ist ein gewisses Maß an Darstellungskunst gefragt. Die Bilder waren gerade deshalb so wirksam, weil der Beobachter kein Fremder blieb. Der Fotograf jagte seinen Modellen die Bilder nicht ab – er bekam sie geschenkt. So jedenfalls sah das aus.

Erstaunlich bleibt, dass Will McBride ein vielbeschäftigter Fotojournalist gewesen ist. Er fotografierte Magazingeschichten für *Quick,* den *stern, GEO,* auch für *Life, Look* und *Paris Match.* Diese Aufträge jedoch spielen im Bilderfundus später keine Rolle mehr, abgesehen von den intensiven Portraits des Kanzlers Konrad Adenauer und des in Berlin Regierenden Bürgermeisters Willy Brandt. Man findet sie sensationellerweise nebeneinander im Fond eines Cabrios mit John F. Kennedy als Drittem, und im Hintergrund, exakt mittig, das Brandenburger Tor – hinter einer Mauer. Auftraggeber war die Illustrierte *Quick*. Vom Standpunkt der Reportage aus betrachtet ist das Bild komplett geglückt, indem Aufmerksamkeit und Wichtigkeit verschmolzen sind. Es schreibt nicht Geschichte, es macht sie. Adenauer schaut gelassen in die Kamera, Brandt blickt in die Zukunft, und Kennedy liefert eine Geste mit der rechten Hand, die an Segnen erinnert.

An seine Zeit als Fotojournalist erinnert McBride sich später so: »Spät abends bekam ich Anrufe, worauf ich packen, das nächste Flugzeug oder den nächsten Zug nehmen musste, um in einem anderen Land die Themen zu fotografieren, für die ich bezahlt wurde. So gerne reiste ich nun auch wieder nicht.«[3] Er sehnt sich nach dem Kokon der Familie. Aber das Entstehen der Familie beunruhigt ihn auch. Über seinen ersten Sohn notiert er nach dessen Geburt: »Ich selbst trug ihn nach Hause. Niedliche Büchse der Pandora, Unschuldslamm. Schniefender und greinender Usurpator, gieriger Plünderer, zärtlich gewaschen und gesalbt und mit duftendem Puder bestäubt.« Als Fotoreporter erfüllt er seine Rolle als Ernährer, er verdient gut Geld; als Vater hat er das Gefühl, sein Sohn »machte sich mit meiner geliebten Frau auf und davon«.[4]

Für Will McBride war die Welt kriegerisch und die Idylle trügerisch. Musste er sich entscheiden, blieb er zu Haus und fotografierte die Familie als Universalie.

Man könnte ihn als einen Mann beschreiben, für den es zwar die ideale Zeit gab, aber den idealen Ort nicht. Jede Suche wurde ihm zur Sinnsuche; jeder Interessenkonflikt schnitt ihm ins eigene Fleisch. Sein eigentlicher Raum künstlerischen Schaffens wurde das Atelier, und am Ende seines Lebens blieb er allein mit dem Monument eines Knaben, der als fallender Krieger eine Erektion bekommt. Davor aber entstand, im Atelier, ein bedeutendes, zutiefst humanes fotografisches Werk. Die Fotografie, glaubte McBride – wie viele bildende Künstler vor ihm[5] –, sei nicht viel mehr als ein Werkzeug. Die fotografischen Bilder waren also vorläufig oder transitiv. Sie sind der lebendigste Teil seines Werks geblieben, eine deutsche Geschichte der Intimität.

Das agilste Modell der Berliner Clique war Barbara Wilke, deren Mutter in Worpswede, einer Künstlerkolonie nördlich von Bremen, eine Galerie betrieb. Hier fand der Fotograf eine intakte Kulisse, das Bild eines unversehrten Deutschlands mit einer weiten kulturellen Referenz im Hintergrund. Dort heiratete er Barbara im September 1959, verschmolz also die Clique, die Geliebte und sich selbst mit der Genealogie einer deutschen, mehr oder weniger bürgerlichen Familie. Er notierte später, er habe damals das Gefühl gehabt, mit Barbara »ganz Europa geheiratet«[6] zu haben.

Bei der Hochzeitszeremonie steht er falsch, darauf weist ihn aus der ersten Reihe seine Schwiegermutter hin, er wechselt auf die linke Seite der Braut. Aber er hat nicht ins Spießermilieu geheiratet, sondern in die Kunstszene. Bald erscheint ein Bild, dass die barbusige Braut im weichgezeichneten Worpsweder Interieur zeigt, wie sie einen weißen Schleier anprobiert. Die ganze Hochzeit, von einer Kollegin namens Elisabeth Niggemeyer fotografiert, findet ein Jahr später in der neugegründeten Zeitschrift *twen* noch einmal statt, und einen Monat darauf gibt es ein Bild McBrides von Barbara im Profil, deren schwangerer Bauch den Bund ihrer Jeans gesprengt hat, was für einen Skandal reichte. Ein Gutachter des Bundespresseamts kam zu folgendem Schluss:

»Die Photos sind bis zur Unerträglichkeit gewagt, aber sie lenken zum Text, und der ist nicht anstößig.«[7]

Das heißt, schon zum Zeitpunkt ihrer Hochzeit waren Barbara und Will McBride bis zu einem gewissen Grad Celebrities. Was sie tun würden, würde außergewöhnlich, schön und weithin sichtbar sein. Ein amerikanischer Maler wäre in dieser Familie schon okay gewesen, aber das offensichtliche, kommerzialisierbare Talent Will McBrides lag – wenn man zu schauen verstand – in der Fotografie. Wahrscheinlich hat die Schwiegermutter Lotte Cetto ihm einen Kontakt zu Diedrich »Pitt« Kenneweg gebaut, der leitend bei *Quick* in München tätig war. Die hatte die Millionenauflage Mitte der fünfziger Jahre bereits überschritten. Sie brachte dem Familienvater McBride eine lukrative Festanstellung, katapultierte ihn mitten in die westdeutsche Medienlandschaft. Drei Söhne, alle geboren in der ersten Hälfte der sechziger Jahre, bekamen amerikanische Namen. 1969 kam die Ehe an ihr Ende, aber Will McBrides rebellisch-puritanischer Familienbegriff sollte wenige Jahre später aufgehen in *Zeig Mal!*, dem emblematischen Buch der siebziger Jahre. Mit Anfang vierzig hatte McBride schon ein ganzes Leben hinter sich und begann ein zweites.

Worpswede In Worpswede anzudocken muss für McBride ein unwiderstehliches Angebot gewesen sein. Dort galten die Bedenken seiner Eltern, dass Kunst nicht lohne, gar nichts – im Gegenteil, beschränkte Mittel gehörten zu den Urerfahrungen der Künstlerkolonie zwanzig Kilometer nordöstlich von Bremen. Gewiss hat nicht jeder Besucher Worpswedes das Leben in Katen und Baracken in der Nähe eines Moors als ideale Bedingung eines Künstlerlebens begriffen, für manche aber waren der Ort, seine Nähe zur Natur und sein soziales Band geradezu mythisch. Rainer Maria Rilke sah dort großes künstlerisches Potential; 1902 schrieb er eine Abhandlung über die – für ihn – fünf entscheidenden Maler der Kolonie. Dabei übersah er die sechste, die später als Paula Modersohn-Becker zu einiger Berühmtheit kommen sollte, weit über Bremen hinaus. Das heißt, er übersah sie nicht wirklich, sondern wurde in ihrem Atelier zum Tee empfangen. Er heiratete aber nicht sie, sondern die Bildhauerin Clara Westhoff. Die künstlerische Nähe entflammte Leidenschaften und führte zu Entfremdungen und Zerwürfnissen. Jeder und jede war mindestens potentiell doppelt vergeben, und Otto Modersohn – »eine ernste, schwermütige Natur bei einer großen Freude an Sonnenschein und Frohsinn«[8] – wurde dort zweimal Witwer, aber auch nach Paulas Tod, mit zwei Kindern, sollte er noch einmal heiraten.

In Rilkes Monographie nehmen Fritz Mackensen und Heinrich Vogeler beide prominente Plätze ein. Sie sollten sich politisch als Antipoden erweisen. Mackensen, der Sohn eines Dorfbäckers, nämlich verwandelte sich vom Naturschwärmer in einen »Maleroffizier«. Schon 1934 paktierte er mit den Nationalsozialisten. Heinrich Vogeler aber, ein Illustrator im Jugendstil, repräsentierte die offene und spirituelle Seite der Künstlerkolonie. Seit 1899 hatte er für die Münchner Zeitschrift *Die Insel* gezeichnet. Der Sohn eines Bremer Kaufmanns erlebte im Ersten Weltkrieg einen kompletten seelischen Zusammenbruch, kehrte als Sozialist nach Worpswede zurück und zog 1931 mit seiner Frau Sonja Marchlewska in die Sowjetunion. Als Deutscher deportiert nach Kasachstan, starb er dort 1942, sein Grab ist nicht bekannt.

Worpswede kann man also als Außenposten-im-Nebel betrachten, als zänkisch-inzestuösen Ort einer völkischen Kunst; oder als handverlesene Gemeinde mit nationalem und internationalem Netzwerk, in der sich die klügsten und empfindsamsten Künstler des Deutschen Reiches tummelten. Auch nach dem Zweiten Weltkrieg behielt Worpswede dieses doppelte Gesicht, indem nämlich Leute wie Mackensen, um einige verräterische Vokabeln ärmer, auf der Heimatkunst beharrten – 1953 bekam er, in seinem letzten Lebensjahr, das Bundesverdienstkreuz. Schwerbelastete Nazis holten sich nach dem Krieg reihenweise ihre »Persilscheine« ab; ließen sich als Mitläufer oder Entlastete qualifizieren. Andere witterten die Chance eines Neubeginns, so wie Klaus Pinkus, ein remigrierter jüdischer Deutscher, der in Worpswede Lotte Cetto traf – sie trug den Namen ihres zweiten Mannes – und bald heiratete, ihre dritte Ehe. Sie betrieben eine Galerie, die sie – wie die Münchner Zeitschrift ein halbes Jahrhundert zuvor – *Die Insel* nannten. Dort verkauften sie moderne Kunst, und aus Hamburg kam namhafter Besuch – Zeichner und Grafiker wie Horst Janssen und Paul Wunderlich. Pinkus war mit einer dringenden Empfehlung in Worpswede angelandet: den düsteren Surrealisten Richard Oelze zu finden, einen introvertierten Künstler mit einem rätselhaften, wuchernden Bildwerk, das es noch zu entdecken galt. Tatsächlich wurde Oelze dann eingeladen zur documenta II (1959) und III (1964). Das neue, moderne Kommunikationszentrum ruhte also wiederum auf einem vom genius loci beflügelten Ehepaar, und dort, mitten unter Künstlern, wuchs Barbara Wilke auf, Lotte Cettos Tochter. Kein Wunder, dass Will McBride in diesem Dorf nicht das dunkle Deutsche sah, sondern den kosmopolitischen Funken spürte.

Gleich zu Beginn des neuen Jahrhunderts hatte sich in Worpswede ein kultureller Riss gezeigt. Das Ehepaar Modersohn nämlich zeichnete sich nackt in der Natur; die konservativen Gründer der Kolonie, Fritz Mackensen und Hans am Ende, fanden das unmoralisch und skandalisierten es zu einem Fall. Geradezu grotesk ist die Angelegenheit, wenn man weiß, dass Modersohn jahrelang neben seiner klugen Kollegin schlief, »ohne daß er mich zu seiner Frau machte«.[9] Was die Frage durchaus verschiebt, nach welchem Bild Paula Modersohn suchte, indem sie Nacktheit und Weiblichkeit an den Bauernkindern erforschte und dann an sich selbst ausprobierte. An ihrem sechsten Hochzeitstag malte sie sich als Schwangere, obwohl sie nicht schwanger war. Man sieht sie im Halbprofil vor einer gepunkteten Tapete, dem Betrachter in die Augen schauend, den Unterrock (oder ein Tuch) so weit unten wie möglich, mit einer Perlenkette, die ihre Brüste trennt. Die rechte Hand liegt in der Magengegend, die linke umfasst den gerundeten Bauch und deutet zwischen Daumen und Fingern eine Aussparung an, so als habe sie die Welt – oder ihren Ehemann – auf einen bestimmten Vorzug weiblicher Anatomie erst einmal hinweisen müssen.

Merkwürdigerweise reiht sich auch die Kunstboheme-Tochter Barbara Wilke ein in die Worpsweder Skandalisierung. Als sie nämlich mit sechzehn Jahren entdeckte, dass sie »lieber mit Jungs spielte als mit Spielzeug«,[10] wurde sie, um ihre Mädchenehre zu retten, zu Freunden »der Eltern« nach Schweden verschickt, von wo aus sie zwei Jahre später weiterzog nach West-Berlin. Um die Worpsweder Geschichte der Intimität fortzuschreiben: In *I, Will McBride* verrät der Fotograf und Autor, er und seine sehr junge Braut hätten damals beschlossen, »jene Säfte« bis zur Eheschließung aufzusparen, was der puritanischen Herkunft McBrides geschuldet war.[11] Wichtig erscheint dies insofern, als die Sicht des Fotografen auf »die Clique« in Berlin also nicht implizierte, dass sämtliche Schlachten der Selbstbefreiung und Selbstbestimmung schon geschlagen waren; man gab sich unkonventionell, hielt sich aber an die Konvention. Umso erstaunlicher der Umstand, dass das Paar dann, als Barbara – verheiratet – deutlich sichtbar schwanger war, der Republik über *twen* jenes Bild lieferte, das zu einem Skandal taugte. Im Detail: Darauf ist Barbara im Halbprofil zu sehen, wie sie kokett – oder in falscher Bescheidenheit – in die Kamera schaut; ihr Bauch scheint den Reißverschluss der Jeans (damals in Deutschland noch bekannt unter »Nietenhosen«) aufgesprengt zu haben. Sie ist nicht einmal ein bisschen nackt, aber es liegt etwas Dreistes in diesem Bild, was mit der offenen Hose zu tun hat, der Überblendung von Sexualität und Schwangerschaft. Ganz unwahrscheinlich, dass Will McBride das Selbstportrait Paula Modersohn-Beckers nicht gekannt hat. Es hing schon damals in der Sammlung in der Bremer Böttcherstraße. Schließlich war McBride, nach eigenem Verständnis, Maler.

Adenauer Also … es sitzen Kennedy, Brandt und Adenauer im Fond eines Cabrios …– aber dies ist nicht der Anfang eines Witzes. Gewiss, die Illustrierte *Quick* hatte beschlossen, zum Berlinbesuch des Präsidenten der USA keinen altgedienten Fotoreporter zu schicken – Hanns Hubmann war im Impressum gelistet –,[12] sondern drei junge Männer, denen man zutraute, die Gunst der Stunde zu nutzen. Es wurde eine reine Jubel- und Gruselstrecke – Konfettiparade hier, ein Blick auf den Mauerstreifen dort. McBrides Dreierportrait vor dem Brandenburger Tor fand darin keinen Platz. Die Intimität des Bildes lebt von der tatsächlichen oder imaginierten Nähe des Fotografen zu den politischen Würdenträgern, die so eng beieinandersitzen, als wären sie Familie. Der Fotograf kannte John F. Kennedy von einem Interviewtermin im Weißen Haus (mit dem Chefredakteur der *Quick* Karl-Heinz Hagen); den Regierenden Bürgermeister Brandt mindestens von einer Flugreise (Köln-Bonn nach Berlin); und Konrad Adenauer hatte er wenige Wochen zuvor in Cadenabbia kennengelernt, einem kleinen Ort am Comer See, wo der Bundeskanzler regelmäßig und auch im Frühjahr 1963 seinen Urlaub verbrachte.

Über die Situation in Berlin berichtete er später: »Und als ich alle drei Staatsmänner am Brandenburger Tor wieder traf, sprang ich fast in den Wagen hinein, so begeistert war ich, sie zusammen zu sehen – bis der Ellenbogen des Leibwächters mich darauf aufmerksam machte, daß ich zu nah gekommen war.«[13]

Adenauer war also, als McBride ihn in Italien zum ersten Mal fotografierte, 87 Jahre alt. Der Fotoreporter – gleiches Sternzeichen – war damals 32.

In einem Fotobuch über Adenauer – McBrides erste Monographie überhaupt –, das 1965 (also zu Lebzeiten Adenauers) erschien, erlaubte sich der Fotograf im Anhang umfangreiche Erläuterungen »Zu den Bildern«: »Während der Reise« nach Italien »dachte ich über das Gesicht nach, das ich fotografieren sollte, dieses vertraute, steinerne Antlitz des unvergleichlichen alten Mannes, der im Alter das Aussehen eines amerikanischen Indianers gewonnen hatte; und ich fragte mich, was es da noch zu fotografieren geben werde, das nicht schon viele tausend Male abgebildet worden war. Aus Beschreibungen der deutschen Presse hatte ich das Bild eines verfallenen Alten vor Augen, der beinahe nicht mehr Herr seiner Sinne ist, ich erwartete, ein Gesicht fotografieren zu müssen, dessen Züge unter der Last sorgenvoller Gedanken zu einer steinernen Maske erstarrt waren.«[14]

Konrad Adenauer aber war, ganz im Gegenteil, physisch recht agil und geistig völlig präsent – was eben gerade das Problem darstellte. Denn die Kandidatur für eine vierte Amtszeit hatte seine eigene Partei, die CDU, ihm nur gelassen unter der Bedingung, dass er zur Hälfte der Legislaturperiode seinen Posten räumen würde. Das heißt, McBride traf ihn als eine Figur, die sich für unentbehrlich hielt und im unvermeidlichen Rücktritt ihr Scheitern voraussah. Was *Quick* mit Adenauer betrieb, war eine gruselige Anti-Hagiographie. Je riesiger und müder Adenauer wirkte, desto bedrohlicher war er für den politischen Apparat.

Das *Porträt*-Buch zeigt Adenauer als nahbar, und so hat McBride ihn auch empfunden. Adenauer gestikulierend (mit einer weißen Serviette oder einem Schnupftuch in der Linken); Adenauer beim Tee (die Tasse am Mund, einen Brief lesend); beim Boccia-Spiel; auf einer Gartenbank sitzend (mit übergeschlagenem Bein und Hut, ein Hauch von Charlie Chaplin); vor einer Pressekonferenz (jemand tupft sein Gesicht trocken); Akten studierend am Schreibtisch in Rhöndorf; als Spaziergänger im Garten, regennass; dem Fotografen aufs Charmanteste eine weiße Rose überreichend; einem schwarzen Mercedes 600 entsteigend; auf Wahlkampfreise im Saarland (warnend »vor den Gefahren des Weltkommunismus«, wie McBride im Anhang des Buchs berichtet[15]).

Adenauer sollte auch nach seinem Rücktritt als Kanzler seinen Sitz im Bundestag nicht aufgeben. Am 17. Februar 1966 um 17 Uhr, wie McBride notierte, kam es zu einer Begegnung mit dem Altbundeskanzler im Bundeshaus, also im Haus des Parlaments in Bonn. Es war wohl das erste Interview, das McBride für *twen* führte.

Zuerst beklagt Adenauer das Fehlen von Männern zwischen 45 und 65 Jahren – »infolge des Krieges«. Dann bekennt er sich, erstaunlicherweise, zum Laisser-faire: »Erziehung, ich bin ja dafür, möglichst wenig zu erziehen«, warnt allerdings: »Vor einem habe ich Angst, vor dem Fernsehen! Das bringt Kinder total durcheinander.«[16] Er erwähnt seinen Rottweiler – »sehr klug« –, weil dieser den Fernseher nur einmal beschnüffelt habe; er »sieht keinen Apparat mehr an«. Darauf folgt eine Passage über Geschichtspessimismus (die weiter unten wörtlich zitiert wird). McBride versucht, Adenauer in eine Debatte über politische Mündigkeit zu ziehen, nicht sehr erfolgreich. Gegen Ende des Interviews verteidigt der Kanzler, ohne sie so zu nennen, »die skeptische Generation«, die in McBrides Augen nicht engagiert genug sei. Er gibt zu, dass ein »Sicherheitsdenken« vorherrsche, preist aber den Sozialstaat, der dieses hervorbringe, als großen Fortschritt.

McBride geht nicht so weit, Adenauer und seine CDU frontal für das Sicherheitsdenken verantwortlich zu machen. Er versucht, Adenauer von seiner sorgenvollen Seite anzurühren, ihn zu einem persönlichen Bekenntnis zu verleiten, indem er selbst bekennend auftritt:

»McBride: Die Dinge, an die ich geglaubt habe, gibt es nicht mehr, und das betrübt mich.

Adenauer: Ich will Ihnen sagen, die Welt und diese ganzen Verhältnisse in der Welt haben sich seit 1914 bis heute 1966 so kolossal geändert. Als der Krieg zu Ende ging, glaubten wir doch alle mehr oder weniger, jetzt käme eine gewisse Zeit der Pause, der Erholung, der Wiederaufbau war die Hauptsache, Neuordnung, etc. Nein, es ist viel schlimmer geworden.

McBride: Es ist so schlimm und noch schlimmer – und ich komme wieder auf meine Situation, was Sie nicht glauben wollen –, weil es eine große Anzahl von jungen Menschen gibt, die nichts wissen wollen. Sie denken an ihr Auto, an ihre Familien, an ihren wirtschaftlichen Aufstieg, denken an ihren Job, sogar an ihre Pensionierung.

Adenauer: Aber das kommt aus der Unsicherheit unserer Zeit heraus; daraus entsteht auf der anderen Seite das Bestreben nach Sicherheit.

McBride: Wie kann ein Mensch nach Sicherheit streben oder überhaupt mit dem Begriff Sicherheit umgehen, wenn man weiß, daß jeden Tag die Atombombe fallen könnte, dann sind wir alle tot. Was nutzt mir da eine Sicherheit? Ich finde eigentlich, jetzt müßte doch immer noch die Zeit sein, in der man versucht, diese neue Ordnung zu schaffen, während das so in Kleinigkeiten verläuft, in nationalen Streitigkeiten?

Adenauer: Das sind keine Kleinigkeiten. Sehen Sie mal die Zeit von 1900 an, was sich da ereignet hat. 1900 hatte Amerika keine Armee, keine Flotte, kein auswärtiges Amt, weil es keine auswärtige Politik betrieb; es war im Übergang vom Kolonialzustand. 1900 war Deutschland die stärkste Landmacht der Welt, war England die stärkste Seemacht der Welt. Das ist jetzt erst sechs Jahrzehnte her, und in der Zeit ist alles zerschlagen worden oder hat sich geändert. England ist ein armes Land geworden. Was sind wir? Wir haben keine Macht. Wir haben das Geld zusammengerafft, oft zuviel. So hat sich alles geändert, und da müssen Sie verstehen, daß die Menschen, die in einer solchen Zeit zu leben verurteilt sind, auch in ständiger Unruhe und in ständiger Rastlosigkeit leben – die verändern sich.

McBride: Das würde mir gar nichts ausmachen, rastlos leben zu müssen, wenn ich das Gefühl hätte, es ändert sich wirklich etwas. Aber Sie sagten vor zehn Minuten, die Leute ziehen sich zurück in ihre eigenen Vorstellungen …

Adenauer: Weil sie Angst haben. Der Begriff der Angst ist auch durch all die Geschehnisse ein sehr mächtiger Begriff geworden. Aber deswegen, nun kommen wir auf den Ausgang zurück, müssen Sie beim Urteil über die Kinder nachsichtig sein. Unsere Kinder sind verurteilt, in einer Welt aufzuwachsen, die sich ständig verändert, rastlos ist, ruhelos ist.

McBride: Wie soll der junge Mensch in einer so rastlosen, von Unruhe erfüllten Welt Fundament bekommen?

Adenauer: Eine sehr ernste Frage!

McBride: Es gibt so viele Leute, die keinen Glauben mehr haben, die glauben wollen, aber sie können nicht, weil sie zuviel Wissenschaft drin haben.

Adenauer: Sie wissen, daß ich Katholik bin? Meinen Sie, das gibt es bei uns nicht? Über alle Dinge, die die Wissenschaftler und die Forscher fertiggebracht haben, gibt es diese Zweifel, so daß man sich mit Gewalt zusammennehmen muß. Für mich ist das Unerklärliche und das, was auf noch eine Macht hinweist, die wir noch gar nicht kennen, die Naturgesetze, die einfache – für mich – Natur.«[17]

Es wirkt, als lausche man einem ökumenischen Podium auf dem Kirchentag. McBride wagt es nicht, die allgegenwärtige Verdrängung der Nazivergangenheit anzusprechen. Am Horizont steht irgendwie der Krieg in Vietnam – oder was sonst wäre »viel schlimmer geworden«? Selbstverständlich hat *twen* das Interview nicht gebracht – die guten Ratschläge eines uralten Mannes für die jungen Leute von heute? Völlig unmöglich.

Jedenfalls war McBride von Adenauer schwer beeindruckt, und wahrscheinlich genoss er die Wertschätzung des bedeutenden Politikers, der in ihm nicht einen nörgelnden Wahl-Deutschen, sondern schlichtweg einen Repräsentanten der Vereinigten Staaten sah. Auch war das Buch über Adenauer schon erschienen; nicht ausgeschlossen, dass der Alt-Kanzler dem Amerikaner dafür dankbar war.

Die biographische Erzählung von *I, Will McBride* setzt im Jahr 1877 ein, mit der braun getönten Fotografie eines Will Woodin McBride, aufgenommen in Ottawa, Illinois. Tatsächlich hieß Will nach ihm, inklusive des zweiten Vornamens, und hatte deshalb ein »II« angehängt bekommen. Es gibt bei McBride eine Suche nach Größen, nach unbeugsamem Charakter, nach einleuchtenden Biographien, und seine Zuweisung von Autorität schwankt zwischen väterlichen Figuren und charismatischen Jungen, die er gewollt überblendet. So heißt es gleich im Eingangstext: »Mein Großvater war fünfzehn, als er von zu Hause abhaute. Für mich ist er ein Held, genauso wie all die anderen Fünfzehnjährigen in diesem Buch Helden sind, die irgendwann auf eigene Faust loszogen, um selbständig ihre Geschichte der Welt zu erleben.«[18] Konrad Adenauer – für McBride eben ein Indianer wie er selbst – wird eingereiht in die Mythologie der großen Männer, die in ihrem Innersten eigentlich immer Jungen bleiben. Tatsächlich hatte Adenauer spielerische, ja sogar alberne Züge,[19] die ihn für diese Rolle qualifizierten. Auch McBrides Vorbild Norman Rockwell – von dem noch die Rede sein wird – war durchaus spielerisch, nämlich in der Konstruktion seiner Motive, die wiederum den *all-American boy* verherrlichten. Selbst McBrides lebenslustiger und strahlender Vater gehörte in diese Genealogie. Die Frage, die Will McBride wirklich umtrieb, war weniger, ob man im Klima nuklearer Bedrohung glücklich werden konnte, sondern wie er mit seiner Rolle als Vater von drei Jungen zurechtkommen sollte, wo er doch in sich den Jungen spürte, die ungelöste Anspannung eines *Coming of Age*, die sein eigentlicher Antrieb war. Der erste Satz seiner Erinnerungen lautet: »Dieses Buch handelt von Anfängen. Ich bin der Überzeugung, daß es viel mehr Spaß macht, etwas anzufangen, als es zu Ende zu bringen.«[20]

Aber es scheint etwas zu geben, was den jungen McBride daran hindert, die Dynamik des Aufbruchs mit innerer Reifung beantworten zu können. Er bekennt dem Politiker, der um 55 Jahre älter ist:

»McBride: Was tut ein armer Mensch, der ein Hitzkopf ist, der aufbraust – welchen Rat geben Sie einem solchen Menschen, geben Sie mir? Zerstört der? [Die Frage ist nur in der englischen Fassung des Gesprächs eigentlich verständlich: ›Is he ruined, or not?‹ Adenauer beantwortet sie dennoch prompt.]

Adenauer: Nein, gar nicht. Der eine hat mehr Temperament, der andere weniger. Man kann einem, der nun übermäßig daran leidet, nur sagen, du schadest dir nur selbst damit, das hilft doch nichts. Deswegen mußt du versuchen, dich zu zähmen.«

Als wäre er der Priester im Beichtstuhl – Adenauers Sohn Paul war ja einer – ist er ins Du gewechselt. Zu gern würde McBride seine Schuld bekennen, aber er kommt nicht weiter. Er ist Protestant.

## Willy Fleckhaus

Willy Fleckhaus war ein rheinischer Selfmademan, oder vielmehr ein Epikureer aus dem Bergischen Land. Ende 1925 geboren, wurde er nach einer politisch motivierten Auseinandersetzung mit einem Lehrer[21] des Gymnasiums in Velbert verwiesen und besuchte danach eine Privatschule in Wuppertal. Noch vor dem Abitur wurde er zum Arbeitsdienst einberufen, als Bodenfunker nach Italien geschickt und geriet dort in Kriegsgefangenschaft. Schon im Oktober 1945 war er wieder zu Haus. Sein Vater war von einem kleinen Buchhalter zu einem großen Buchhalter avanciert. Willy, statt zur Schule zurückzukehren, beteiligte sich an der Gründung eines Kunstvereins. Mitten im Krieg, noch nicht einmal achtzehnjährig, hatte er ganz auf eigene Faust Käthe Kollwitz besucht.

Er sollte früh sterben, mit 57 Jahren. Blickt man auf sein Werk zurück, würde man ihn dem linken Spektrum der Bundesrepublik zuordnen, aber tatsächlich war er eher ein konservativer Katholik, zumindest seiner Herkunft nach. Diese ist bedeutsam, weil die jungen Katholiken in Velbert eng zusammenhielten, geschart um ihren Kaplan, gegen die Angebote der Hitlerjugend gefeit. Es gab also keinen autobiographischen Auftrag, mit dem Nationalsozialismus abzurechnen. Willy Fleckhaus startete unbelastet, charakterlich gefestigt und neugierig in die Nachkriegsordnung der Bundesrepublik. »Wir haben die alten Werte des Abendlandes verwirtschaftet«, schrieb er als 23-jähriger Redakteur einer katholischen Jugendzeitschrift in einem Artikel, der mit der »Voreingenommenheit« gegenüber dem spanischen Künstler Pablo Picasso abrechnete. »Wir können auf die stinkenden Schuttberge dieser unserer modernen Welt keine lügenhaften Transparente pflanzen, auf denen die ›Gute und Schöne‹ gemalt ist.«[22] Als hätte er bei Adorno studiert! Dabei hatte er keine Universität von innen gesehen, er legte einfach los.

*Der Fährmann* wurde in Freiburg verlegt. Von dort aus machte Fleckhaus mit dem Grafiker Ausflüge nach Basel, brachte Bücher und Zeitschriften mit, das Schriftmusterbuch von Alex Stocker; bestaunte Schweizer Plakate. Ein Mann in feinem Tuch, früh schon das Stirnhaar verlierend, sah Fleckhaus zehn Jahre älter aus, als er tatsächlich war. Er sprach leise und insistierend. Mit dreißig Jahren wechselte er zur Gewerkschaftszeitschrift *Aufwärts*, deren Gestaltung er Ende 1952 übernahm. Noch war der Art Director in Deutschland nicht eingebürgert, aber Fleckhaus war schon der Mann hinter dem Schreibtisch, der internationale Kontakte knüpfte und die redaktionelle Ideenmaschine anwarf. Fleckhaus hatte einen Zugriff auf die Zukunft, und er wusste es.

Sein Zugriff bestand darin, dass er in Medien dachte. Fleckhaus war kein Bildmann und kein Textmann, sondern betrachtete beides als Teile derselben Maschine. Wo auch immer er das Layout übernahm, rückten die Figuren-im-Bild näher, ordnete sich die Titelei zur Plakatschrift, standen die Genies der Zeit Pate für das große Ganze: Ernest Hemingway, Le Corbusier, Henri Cartier-Bresson. Wer seine Spuren beschnupperte, ahnte nicht, wessen das waren. Andere firmierten im Impressum als »Chefredakteure«. Aber wer den *Fährmann* las, *Aufwärts*, die Schriften der *photokina* und bald *twen*, war ohne es zu merken an Bord gegangen. Ein kosmopolitischer Dampfer, mit Willy Fleckhaus als Medienkapitän, Blick auf den Horizont.

Die Helvetica, eingeführt 1956, hätte seine bevorzugte Schrift werden müssen. Sie war so neutral wie das Land, nach dem sie heißt – eine Schrift, die besagte, dass dies, was man liest, Information sei. Und dass man sich drauf verlassen könne. Dass man bitte auf die Oberfläche gar nicht achten möge. Das galt für alle ihre Anwendungen, von der Lufthansa über das Plattencover für John Coltrane bis zum Antiraucherplakat von Niklaus Troxler. Es war die internationale, präzise, sozialverträgliche Type einer Ära, mit einer Haltbarkeit über Fleckhaus' Lebenszeit hinaus. Er setzte sie mal ein; dann verwarf er sie. Stattdessen benutzte er die Futura, die Times, die Baskerville und die Garamond. Allerdings war er weit davon entfernt, einen eigenen Font zu entwerfen. Eine Schrift namens Velbert? Nie.

Willy Fleckhaus sah ein riesiges, unbestelltes Feld in der Anwendung von Schrift, aber er konnte nicht ohne weiteres in eine führende Stellung berufen werden, schon weil ihm die Ausbildung fehlte. Seine Art, Engagements zu bekommen, war typisch kölsch. Gerade hatte Siegfried Unseld, nach dem Tod Peter Suhrkamps, den Verlag übernommen, da fragte er seinen – Kölner – Autor Rolf Becker (*Nokturno 1951*) nach einem fähigen Gestalter, den er im Umfeld der Zeitschrift *Magnum* vermutete. Becker, der für die DGB-Jugendzeitschrift *Aufwärts* schrieb, knüpfte stattdessen den Kontakt zu Fleckhaus, deren graphischem Gestalter. Die erste Aufgabe, die Unseld Willy Fleckhaus anvertraute, war das Layout für *Hermann Hesse – Eine Chronik in Bildern*, und schon war die Tür offen. Die Bibliothek Suhrkamp hatte als elitäre Serie für Gewohnheitsleser in den fünfziger Jahren ihre Wirkung nicht verfehlt, aber die handgezeichneten Titelschriften des Frankfurter Grafikers Hans Leistikow standen dem modernen literarischen Programm im Weg. Fleckhaus lieferte einen »vernünftigen« Entwurf: ein weißer Umschlag, die drei Zeilen in der Baskerville und das farbige Hüftband – womit die Bücher im Regal zusammenfanden, sich geradezu verketteten. Erst jetzt war es wirklich eine »Bibliothek« für sich.

Willy Fleckhaus hatte mit seiner Verteidigung Picassos den Kern eines Diskurses bloßgelegt: Wer nach dem Krieg die Kultur und das Abendland beschwor, hatte mit großer Sicherheit etwas zu verstecken. So als wäre Nazideutschland ein spezifischer Irrtum, relativiert durch den ganz großen Bogen einer umfassenden Menschheitsgeschichte. Gerade die Kultureliten standen im Verdacht, sich durch ihren standesgemäßen Zugang zu geistigen Größen reinzuwaschen. Noch bevor Unseld schicksalshaft Fleckhaus begegnete, hatte sich Hans Magnus Enzensberger zu *Bildung als Konsumgut* geäußert. Er verdächtigte die Käufer von Taschenbüchern, sich dem guten Rat des gebildeten Buchhändlers zu entziehen, um unter den »buntlackierten Früchten« in einem Drehkarussell »aus weiß-lackiertem Blech« der Willkür des Warenstroms anheimzufallen. Die Taschenbücher »sind attraktiv und farbig, aber gerade ihre Buntheit macht sie uniform. Ezra Pound oder Daphne du Maurier, die Bibel oder das *Einmaleins für junge Mütter*: fast sieht eines wie's andere aus«.[23]

Nicht ohne Amüsement stellt man fest, dass die Sendung des Hessischen Rundfunks, nachgedruckt in einer Zeitschrift namens *Neue Deutsche Hefte*, Jahre später im 63. Büchlein der edition suhrkamp noch einmal erscheint: Hans Magnus Enzensberger, *Einzelheiten I, Bewußtseins-Industrie*. Die Taschenbuchreihe hat schon das Fleckhaus-Titeldesign – mit den acht sichtbaren Zeilenstrichen wie das Heft eines Erstklässlers –, aber wird noch in moderatem Weißgrau ausgeliefert. Farbig ist der Umschlag. Bald verzichtet man auf den Umschlag, und die Bücher erscheinen, eines nach dem anderen, in prägnant abgemischten Farbschattierungen, um am Ende in der bildlichen Metapher eines Regenbogens aufzugehen. Enzensberger hatte auf Rowohlts Taschenbuchausstoß gezielt und die angebliche Beliebigkeit der Gestaltung mit der Unfähigkeit des Lesers parallelisiert, eine gut begründete Lektüreentscheidung zu treffen. Jetzt aber, bei Suhrkamp, sahen die Taschenbücher tatsächlich »eines wie's andere aus«. Gerade das Uniforme und Industrielle daran zog Leser und Leserinnen an, die wussten oder zumindest ahnten, dass Günter Eich, Uwe Johnson, Ernst Bloch und Peter Szondi allesamt hochindividuelle Dichter und Denker waren. Die universale Gestaltung von Fleckhaus riss die Pforten der Bildung auf, enteignete die Eliten, fügte schwierige und schwierigste Literatur ein in den Lesealltag der jüngeren westdeutschen Generation.

twen Sie war der Glücksfall einer deutschen Zeitschrift und ist ein Ausnahmefall geblieben. Gegründet in Köln 1959, bald umgezogen nach München, war *twen* eine Zeitschrift für das Noch-nicht-Gesehene, deutlich symbolisiert durch die farbigen Titelfotos vor schwarzem Fond: ein Lifestyleportrait im Postkartenformat, einige kryptische Zeilen, kaum »Inhalt«. Innen gab es nur selten ein Editorial. Die Zeitschrift hatte kein Programm, keine Message. Sie war einfach so in der Welt.

Der Name allein war eine Erfindung, eine Analogie zum *teen* – aber tatsächlich kein englisches Wort. Die Zeitschrift kreierte eine brummende Sphäre von Fragen, Grübeleien, Intimität, Fernweh; es gab auch den Blick in den Abgrund, ins Dunkle, ins Verdrängte, und gelegentlich Polemiken gegen den Muff der Bundesrepublik. Das Gefühl, ganz dabei zu sein, wurde erzeugt durch die Verwendung von Foto und Typo. Sofern Fotos die Größe einer Seite hatten, wurden sie randabfallend gedruckt, also ohne Rand. Sie erschienen, dynamisch, in Bildstrecken oder tauchten unvermutet als Doppelseiten auf. Immer wieder starteten Geschichten mit einem formatfüllenden Foto auf der rechten Seite – ganz gegen die Regeln der Branche, dass man große Geschichten mit einer Doppelseite beginnen müsse. Das heißt, die »Strecken« waren miteinander verflochten. Gelegentlich war man, blätternd, nicht ganz sicher, noch in der einen Geschichte zu sein oder bereits in der nächsten. Die Methode barg eine Mitteilung: Alles hat mit allem zu tun. Es gibt eher einen Haufen von Dingen als auch nur annähernd den Überblick. Die große Aufsicht wäre Anmaßung. Was auch immer zu sehen war, war zum Greifen nah, das heißt, es wurde wahrgenommen als Teil der persönlichen Welt; eine Zeitschrift für den Nachttisch und das Sofa. Nicht für den Teetisch oder den Zeitungsständer, der damals sehr beliebt war. Wenn man den Überblick, altersgemäß, noch nicht haben konnte: Man war auf jeden Fall mittendrin.

*twen* war nicht offiziell ein Kulturmagazin wie die Schweizer Zeitschrift *Du*, aber doch nahe dran. Nur dass die Themen rüberkamen wie plötzliche Einsichten, Geistesblitze, Offenbarungen. Die Blattmischung folgte der Wünschelrute.

Der Auftritt des Fotografen McBride fand im Jahr 1960 statt.

Der erste Beitrag in Heft Nr. 6 (*twen* erschien zunächst zweimonatlich, dies war also das sechste Heft überhaupt, datiert auf den 20. April 1960) hieß *Jazz auf dem Fluß* (oder *Riverboat Shuffle*) und katapultierte »Will MacBride« in die Berühmtheit. So stand sein Name, noch, im Inhaltsverzeichnis. In Heft 7 hatte man gelernt, wie er sich richtig schrieb, aber McBride lieferte wenig prägnante Illustrationen für einen *Twen Bummel Berlin*. Stattdessen wurden, im selben Heft, seine Frau Barbara und er zu Helden der Geschichte, *Heiraten – nur weil man sich liebt*. Die Fotografien stammten von Elisabeth Niggemeyer. Es war die erste Reportage im Heft und wiederum im Flux der Assoziationen eingefädelt: Auf Seite 30, links, erörtert ein anonymes Editorial die Frage, warum so viele sehr junge Paare unter dem Druck einer Schwangerschaft heiraten. Was bei den McBrides gar nicht der Grund gewesen war. Dennoch, auf der rechten Seite sieht man das Brautpaar McBride, winzig und von hinten, in einem lichten Traumwald. Auf zwei Doppelseiten folgen beschauliche und liebreizende Szenen der Hochzeit in Worpswede. Auf der dritten Doppelseite – volles Format – sieht man Barbara im Berliner Atelier, aus einem Milchglas trinkend. Auf dem letzten großen Bild der Reportage sind sie frei von allem Hochzeitsnippes, ein modernes Paar; sie in sehr kurzen weißen Hosen.

In der Nr. 8 vom 25. August 1960 ist wieder McBride der Fotograf und Barbara sein Modell wie nie zuvor und nie danach. Tatsächlich wird sie als Autorin des Textes angeführt: »Barbara schreibt für twen: ›Mein Kind kommt‹.« Auch hier ist die Reportage eingebettet in einen Kontext, denn auf Seite 26, links, laufen jetzt die Leser(innen)debatten um »das Heiraten, weil ein Kind kommt«, während auf Seite 27, rechts, ebenjenes berühmte Bild von Barbara als Schwangerer zu sehen ist. Die Innenseiten der Strecke zeigen ihr Nahportrait bei der Geburt, den Schmerz; es könnte aber auch Lust sein, jedenfalls im großen Format. Kein Zweifel, dass McBride das gesehen hat. Unmöglich, dass die Ambivalenz der Redaktion entgangen sein könnte.

Auch das Neugeborene wird gezeigt, mit noch nassen Wuschelhaaren; Text: Die »Krankenschwester hält dem noch geburtsfeuchten neuen Menschen mit Gummihandschuhen eine Sauerstoffmaske vor.« Im selben Bild: Barbara, schon wieder lachend.

Ein Jahr später ist Elisabeth Niggemeyer bei den McBrides in Berlin und fotografiert, sehr einfühlsam, das Elternpaar. Im Text, anonym, heißt es: »Ein Jahr ist das ganze Bündel also alt. Ein Jahr jünger als twen und schon sein jüngster Star.«

Das Narrativ der Familie McBride knüpft direkt an den *Riverboat Shuffle* an, und Will McBride wird über Jahre ein Fotograf der jungen Leute, des ungebundenen Lebens bleiben. Die Metaphern der Sorglosigkeit und Zärtlichkeit, die Ménage-à-trois, ein Leben in Nischen des Gewöhnlichen und des Exotischen – das sind alles Angebote an die Leser. Will McBride aber steht exemplarisch für die Macher, die ansonsten unsichtbar bleiben. Die Köpfe hinter *twen* sind nicht sorglos, sondern besorgt; nicht ungebunden, sondern in Liebe verheiratet. Statt Party zu feiern bis in die Nacht, gehen sie einem Beruf nach: Sie machen *twen*. So entsteht also mit Will McBride ein bundesdeutsches Subjekt, in dem familiales Glück und beruflicher Erfolg zusammenfallen – eine öffentliche Rolle, die einem durchaus Angst machen kann, wenn man drüber nachdenkt. McBride beginnt, einem Peter Schlemihl zu ähneln, der alles bekommt, indem er seinen Schatten verkauft.

1963 ist *twen* noch in Köln, am Ebertplatz 9, und unterhält beste Kontakte zur *photokina*. Diese ordert bei vier keineswegs weltberühmten Zeitschriften Bildbeiträge für die Messe – in

England, in den USA, in Frankreich und Deutschland; das Thema heißt originellerweise »Liebe«. Die Zeitschrift *twen* vergibt den Auftrag an ihren »Lieblings-Fotografen Will McBride«, wie es im Editorial dieser Bildgeschichte heißt, deren Textbegleitung einen erstaunlichen Genrenamen mitbekommt: »Stumme Monologe«. »Der Morgen gehört mir, meine Kinder gehören mir«, beginnt Barbaras Text. Und Will: »Du findest es indiskret, mein Schatz, wenn ich dir beim Schminken zugucke.« Das ist natürlich freie Redaktionsprosa. Noch ist Will McBride nur biographischer Garant, aber noch nicht Autor »seiner« Texte. Man könnte sagen, seine Bilder seien so stark, dass sie alles aushalten. Das Bild aus dieser Strecke, das überlebt, zeigt Barbara schlafend auf einem Bett, das weder Kopf- noch Fußteil hat. Zwei Kissen. Sie in ein Laken gerollt. Kein Kopf, nur ihr schwarzes Haar, fast ein Herz, die spitze Seite geformt von ihrem angewinkelten rechten Arm. Der andere, auf dem sie liegt, deutet mit einer Handgeste, die »gib mir« sagt, in Richtung des Betrachters. Unten schaut ihr Fuß heraus. Es ist fast unmöglich, sich nicht vorzustellen, sie sei unter dem Laken nackt. Das Bild strahlt postkoitale Ruhe aus, wird hier aber – wahrscheinlich, um es zu verharmlosen und die Brücke zu den Bildern mit den Kleinkindern zu bauen – als Szene vor dem Erwachen ausgedeutet. Die Doppelseite selbst allerdings erscheint gänzlich ohne Text. Die Wirkung ist kinematographisch.

Was das Alter betraf, war das Ehepaar McBride für *twen* ideal. Sie war zwanzig, als sie als Gebärende zu sehen war. Insofern war sie die prototypische, unbefangene Repräsentantin der jüngeren Leserschaft, von der man hoffte, sie werde mit der Zeitschrift älter werden. Bevor man, gefangen auf der Plattform des eigenen Namens, die Leser davonziehen ließ, machte man ihnen mit den McBrides das Angebot, Familie zu werden. Er war fast dreißig, stand also für die etwas älteren Leser. Nicht ohne Grund wird *twen* beim Besuch der Familie 1961 wie ein älteres Geschwister des Neugeborenen erwähnt – Shawn ist »ein Jahr jünger als twen«. Doch bleibt er – vorerst – namenlos: jedermanns Kind.

McBride beschäftigte etliche Aktmodelle, jedenfalls später, aber Barbara sollte nicht dazugehören. Ja, auf dem Foto vor der Hochzeit 1959 probiert sie im Berliner Atelier einen weißen Schleier; man sieht ihre Brust (der feine Schimmer einer Paradoxie). Alles andere, was relevant ist, kann Barbara bekleidet oder verhüllt darstellen, vom »Mädchen« in der Gruppe bis zur Geburt. Das heißt, wenn McBride Aktmodelle brauchte, dann suchte er sie sich als Akteure für – letztlich imaginäre – Abenteuer, oder er fand sie gleich im Dutzend in den Höhlen oberhalb des Strandes von Matala, einem Ort an der Südküste Kretas.

Blättert man durch zwölf Jahre *twen*, erkennt man den Trend der Zeit, nämlich Nacktheit erst nur anzudeuten, dann bedingt zuzulassen und schließlich entschieden auszustellen – wer sich überhaupt auf dem Jugend-Medien-Markt tummelt, ist ansonsten abgehängt. Anfangs sind sogar weibliche Brüste selten, dann werden sie mehr, dann endet das Bild nicht mehr am Po, dann gibt es eine Andeutung von Schamhaar, und schließlich ist es kein Tabu mehr. Was die Entblößung betrifft, ist man mit Männern vorsichtiger; als Kommunarden dürfen sie – »anti« – auch nackt sein. Während sich die Bilder ändern, bleibt sich die Sprache treu: Bis zum Schluss, 1971, heißen in *twen* Männer »Männer« und junge Frauen »Mädchen«. Erstaunlicherweise jedoch werden die »Mädchen«, je nackter sie werden, umso jünger, als müsste man ihr Alter rückwärts zählen, damit das Wort nicht absurd wird. In den letzten drei Jahren dominiert als »Mädchen«-Fotograf Guido Mangold, der sie einzeln und draußen fotografiert, meist am Strand, und zwar mit heller Haut dort, wo sie eben noch bekleidet waren, was den Eindruck verschafft, sie seien »frisch geschält«; mit Geschick auf »natürliche Haltungen« choreographiert und in flimmerndes Halblicht getaucht. Gegen Ende ist dann auch David Hamilton dabei, was *twen* zu der überraschenden Titelfrage bringt, in Rot auf Schwarz: »Wer bringt den 16jährigen die Liebe bei?« Aber was machen die Teens in einer Zeitschrift, die *twen* heißt?

Gewiss hat McBride von der Liberalisierung der Bundesrepublik profitiert – und später mit *Zeig Mal!* dann die Grenze definiert. Er verkehrte, den Körper betrachtend, das puritanische Tabu in einen religiösen Auftrag, den Körper zu ehren und zu feiern. Es kann kein Zufall sein, dass irgendwann ein christlicher Verlag nach ihm griff, um erotische Verse aus dem Alten Testament, *Das hohe Lied*, zu illustrieren.[24] Wie entschieden er war, eine unschuldige Sicht auf die Nacktheit mit der Moderne kurzzuschließen, kann man an einer Auftragsarbeit erkennen, die im November 1965 erschien. Sie zeigt nackte Kleinkinder auf und unter nagelneuen, hochmodernen Stühlen.

Dennoch müssen die Auftragsarbeiten ihn gequält haben (so wie ihn allerdings fast alles gequält hat) – die banalen Fotos für einen »Brillen-Bazar«, eine bunte Strecke auf schwarzem Grund über die Wiederkehr von Art déco, die elegant-albernen schwarzweißen Choreographien für »Turnen Sie zu zweit«. Will McBride war nicht keusch und nicht enthemmt und nicht kalkulierend und nicht zynisch; er unterschied sich deutlich von anderen Fotografen, die die Gunst der Stunde zu nutzen wussten. Er hatte eine Vision, gesellschaftlich vor einem religiös getönten Horizont. Die trendige Texterei der Redaktion auf seine freihändigen »Cliquen«-Bildsequenzen schmälerten die Wirkung dessen, was McBride vor sich sah, und beleidigten die Absicht. Deshalb versuchte er, große Projekte an sich zu ziehen, die er selbst ausgestalten durfte, am auffälligsten seine Indienreise 1968, die in drei Folgen zu Hermann Hesses *Siddhartha* mündete, im Juli, August und September 1969, in Farbe, wiederum auf schwarzem Grund, mit Seiten zum Ausklappen, die es in dieser Zeit monatlich gab – eine Art Posterbeilage.

Der Jazz war leiser geworden, die Rockmusik lauter, die Mädchen nackter, die Lockworte schriller. Mit 150 Seiten monatlich schien es *twen* um 1970 herum noch richtig gut zu gehen. In fotografischer Farbe versuchte sich Will McBride an weltanschaulichen Themen. Das Ende der Zeitschrift war eine verlegerische Entscheidung. McBride blieb irgendwie übrig, eine Ikone der sechziger Jahre, als Familienvater, Model-seiner-selbst, Bildautor, Avantgardist der Gefühle. Er musste sich neu erfinden.

West-Berlin Noch bevor der Krieg zu Ende war, hatten die Alliierten eine Vereinbarung getroffen. Dass die Russen zuerst in Berlin sein würden, war zu erwarten, und dennoch sollten sie die Hauptstadt nicht ganz und dauerhaft ihrem Herrschaftsgebiet einverleiben. Dafür waren dann die Amerikaner bereit, das von ihnen besetzte Thüringen an die östlichen Alliierten abzutreten. So kam es zu dem Konstrukt Berlins als Viersektorenstadt, ein Modell, das auch die Nachkriegsjahre Wiens bestimmt hat. Dort allerdings schienen eine Besatzung und Teilung der Stadt auf Dauer sinnlos (sie endeten 1955), während sie sich in Berlin zum Sinnbild inkompatibler Welten steigerten.

Dass die Sowjets Osteuropa unterwarfen, konnten die westlichen Alliierten nicht verhindern, nicht ohne einen weiteren Krieg heraufzubeschwören. Aber die Westsektoren Berlins preiszugeben kam nicht in Frage; wenn es überhaupt eine andere

Zukunft hätte geben können, dann in einem irgendwie neutralisierten Deutschland mit gesamtdeutschen Wahlen. Stattdessen vollzog der Westen, bevor die Bundesrepublik überhaupt gegründet worden war, die Teilung wirtschaftlich durch die Einführung der D-Mark. Die Ausgabe einer neuen Währung war kein Versuch, die Bürger gleichzustellen, und verfolgte auch nicht die Absicht, Menschen mit Grund- und Hausbesitz, Eigentümer von Handwerksbetrieben und Industrien zu begünstigen, obwohl dies selbstverständlich eintrat. Den Plan einer Währungsreform hatte Ludwig Erhard schon ein Jahr vor Ende des Kriegs, von seinem Institut in Nürnberg aus, ausgearbeitet. Es ging darum, die Verschuldung des Staates durch die Kriegswirtschaft zu revidieren. Die Konsumansprüche, die sich aus »Anleihen« errechneten, wären niemals zu befriedigen gewesen.

Die westlichen Sektoren Berlins waren am 20. Juni nicht beteiligt an der Währungsreform. Am 23. Juni ordnete die sowjetische Militärverwaltung die Einführung einer DM (Ost) an; zwei Tage später wurde die DM (West) auch in Berlin ausgegeben. Die Westsektoren einzuzäunen oder einzumauern war im dritten Jahr nach der Kapitulation Deutschlands noch nicht denkbar oder nicht durchführbar; um die Etablierung eines westdeutschen Staates in Berlin zu verhindern, schnitten die Sowjets die Reststadt im Juni 1948 von ihrer Versorgung über Land und durch Kraftwerke im Osten ab. Das führte zu einer spektakulären Aktion des Kalten Krieges, der Versorgung der westlichen Sektoren mittels einer »Luftbrücke« durch drei (gesicherte) Luftkorridore im Dreiminutentakt – über fast ein Jahr und dann über weitere Monate mit geringerer Taktung. So entstand West-Berlin als Mythos, bevor es sich als politische Einheit überhaupt konsolidieren konnte. Groteskerweise destabilisierten die Westmächte »ihre« Stadt Berlin, indem sie verlautbaren ließen, die

Einführung der Westmark sei nur provisorisch. Erst im neunten Monat der Luftbrücke, am 20. März 1949, erklärten sie die neue Währung zum alleinigen gesetzlichen Zahlungsmittel ihrer Sektoren: »Der 20. März 1949 muß aber auch als der Tag angesehen werden, an dem von westlicher Seite die Spaltung der Stadt besiegelt wurde.«[25]

Will McBride zog 1955 als Junggeselle in diese Halbstadt und verließ sie 1960, nach der Geburt des ersten Sohns. Als er kam, lagen erhebliche Teile Berlins noch in Trümmern. Bei aller politischen Anspannung war die Stadt halbwegs offen. Familien besuchten sich, Leute pendelten zum Arbeiten vom Osten in den Westen und andersherum. McBride war ein soeben entlassener Soldat der amerikanischen Armee, derselben Armee, die die Westsektoren der Stadt wenige Jahre zuvor gerettet hatte. Jetzt, mit der westlichen Währung, war es eine Frontstadt mitten im Herrschaftsbereich der stalinistischen DDR; eine Insel, die alles hatte, was dem Osten fehlte: Waren, Pressefreiheit, Reisefreiheit und Unterhaltung bis in die Morgenstunden. McBride war in die Gegenwart gereist und versuchte, sich mit ihr anzufreunden. Bald begann er zu fotografieren: Reparaturarbeiten an der Gedächtniskirche; Trümmerfrauen (das heißt Frauen, die beim Aufräumen der Ruinen halfen); ein Pferdefuhrwerk vor dem halbzerstörten Dom; einen Leierkastenmann; die viersprachig beschriftete Sektorengrenze; Arbeiter beim Gießen von Teer; Jungs auf einem Ruinengrundstück, die mit Holzschwertern kämpfen.[26] Frontal gegen eine Brandmauer fotografierte er ein urbanes Bühnenbild mit einer hellen weiblichen und einer fast schwarzen männlichen Figur – als wäre es Tag und Nacht zugleich. Er suchte nach dem großen Ganzen im Detail und nach dem Flackern in der Totalen. In Schöneberg entdeckte er jenen Jungen, der sich, nur in Unterhose, auf dem schwarzen Asphalt wärmt, liegend, die Arme unter den Körper geschoben. Er sah die unglaubliche Bürde auf den Alten und die Vergnügungen von Kindern, die zu beaufsichtigen keiner Zeit hatte.

Er blieb der Stadt treu, reiste auch nach dem Mauerbau wieder nach West-Berlin. In der Friedrichstraße fotografierte er eine Menschenmenge, die von Polizisten zurückgetrieben wurde. Die West-Berliner wollten das sehen: wie sich Panzer auf der Ost- und der Westseite des Checkpoint Charlie gegenüberstanden.[27] Pünktlich zum Besuch Kennedys im Juni 1963 war McBride wieder dabei. Im nächsten Jahr entstand ein schönes, schmutziges Bild einer Maurerkelle in Bewegung aus der Nahsicht, den Mauerbau symbolisierend. Aufgenommen in München – Illustration. Das Schicksal Berlins ließ McBride nicht los.

Seine berühmten Bilder von Barbara und von der Clique lassen leicht vergessen, dass McBride nicht nur der Entdecker der unbeschwerten Jugend war, der Generation Jazz. Er wollte die ureigene Gestalt dieser Halbstadt wirklich erfassen. Er pendelte sich ein auf ihre politische Lage, die quasi täglich schon eine historische wurde.

Er fotografierte die große Stadt nicht, als sei sie ein bisschen wie Chicago; er suchte nicht (wie viele andere Fotografen der Zeit) Genreszenen, die aussehen wie auf dem Marktplatz von Neuruppin; er knüpfte nicht bei Heinrich Zille an, um den Charme des Berliner Prolos wiederzubeleben. Er speckte visuell ab, verlegte sich auf die Sekunde dazwischen; es gibt da ein Zwinkern, ein Darf-ich-meinen-Augen-trauen? Wie eine Kinderfigur blättert er im riesigen Buch der Geschichte, spürend, dass sie zu groß ist für einen Einzelnen, um sie zu fassen.

West-Berlin erschien eingemauert sicherer als zuvor – der Kalte Krieg hatte sein globales Mahnmal bekommen. So würde es erst einmal bleiben müssen. Nur einer erkannte den Makel,

Joseph Beuys, der anmerkte, aus ästhetischen Gründen müsste die Mauer um fünf Zentimeter höher sein. Tatsächlich war es nicht eine Mauer, es waren zwei: eine eher konventionelle, aufgemauerte, die Ost-Berlin einrahmte; dazwischen ein Streifen Erde; dann die glatte Mauer aus Betonguss mit ihrer typischen Wölbung nach oben. Im Sprachgebrauch der Nomenklatura handelte es sich um einen »antifaschistischen Schutzwall«; Ost-Berlin hieß »Berlin, Hauptstadt der DDR«. Wehe, man sagte beim Grenzübertritt, man wolle nach »Ost-Berlin«!

Das Zeitgefühl im Osten und Westen lief auseinander. Im Osten entstand der »Arbeiter-und-Bauern-Staat«, Industrie und Landwirtschaft organisiert in riesigen Betrieben. Die Energie kam fast ausschließlich aus dem Braunkohlebergbau, der ganze Landschaften verschlang. Die historischen Städte und Stadtteile verfielen. Man errichtete die Städte in Form von Wohnungsriegeln – »Plattenbauten« – neu. Wer einen Tagesausflug machte, von West-Berlin nach Ost-Berlin, hatte den Eindruck, dort wäre die Zeit stehengeblieben, bröckliges Mauerwerk, mit roten Transparenten geschmückt.

Trotz der Einmauerung entstand im Westen eine zeitgenössische Stadt, mit Stadtautobahn, U-Bahn, Satellitenstadt und Bauskandal. Die Boulevardpresse war vielfältig und stark. Es gab wirtschaftlich schwache Zeiten und Abwanderungsbewegungen; dann fielen die Hauspreise. Man schickte Abgeordnete in den Bundestag, die nicht mitentscheiden durften; man hing am Tropf der Subventionen aus Bonn. Um die Internationalität der Stadt zu stärken, lud der Deutsche Akademische Auslandsdienst Künstler aus aller Welt ein. In West-Berlin gab es keine Wehrpflicht, das zog junge Männer an. Sehr plötzlich, im Laufe des Jahres 1967, zeigte sich West-Berlin mit den Studenten als geschichtsmüde, radikalisierte Stadt. Die roten Fahnen passten so gar nicht zum Kalten Krieg, der Teil des berlinischen Charakters geworden war. »Ihr müsst diesen Typen nur ins Gesicht sehen«, sagte der Regierende Bürgermeister. Der war Sozialdemokrat.

Will McBride nahm am Wandel der Stadt nicht teil. Noch vor dem Mauerfall war er mit seiner Familie weggezogen nach München. Er hatte ein Buch über »die Clique« machen wollen; jetzt begann er, bereits zurückschauend, ein Buch über West-Berlin zu entwickeln.[28]

Aber erst 1983 sollte sein erstes, wichtiges Berlin-Buch im noch jungen Verlag Frölich & Kaufmann erscheinen. Es hieß *Foto-Tagebuch 1953-1961* und traf stilvoll ins dunkle Geheimnis der Stadt: schwarzweiß, mattes Papier, eine wohlkalkulierte Tendenz zur Körnigkeit und zum Grau. McBride erschien im Impressum als *Creative Direktor*. Er hatte die Bildsequenzen entworfen, und der Text war seine Autobiographie des Künstlers als junger Mann in der ersten Fassung, vor *Boys*, vor *I, Will McBride*. Endlich konnte er seine Berliner Stadtbilder ordnen. Die erste Sequenz zeigt die besonnenen und verhaltenen Gesichter von Berlinern in ihrer Trümmerstadt. Die letzte Sequenz widmet sich dem Staunen der West-Berliner vor ihrer Einschließung, Stacheldraht und Mauern. Die Bilder waren überhaupt nicht Zeitgeist, also völlig inkompatibel mit besetzten Häusern, bettelnden Punks an der U-Bahn-Station, »Tunix-Kongress«, »Anarchie ist machbar, Herr Nachbar«. Sie entstammten dem Kopf eines wackeren Kalten Kriegers, der kalte Füße bekommen hatte.

Umso deutlicher stechen die Bildstrecken hervor, die von der Clique handeln, vom Riverboat Shuffle, vom Atelier-Loft in Steglitz, vom Tanz zu Akkordeon und Banjo vor dem Trödelladen von Kurt Mühlenhaupt in Kreuzberg. Es ist im Prinzip dieselbe fragmentierte Stadt und dieselbe graue Stadtlandschaft, aber sie wird plötzlich belebt von Charakterdarstellern jugendlichen Aufbruchs. Nach Berlin war McBride gezogen, um den Zahn der Zeit zu spüren. Als Dokumentarist von Stimmungen hatte er sich in Fotografie geübt. Er war schnell und leise mit der Leica. Dann wuchs sich seine Fotografie zur Metapher aus, die Motivwelt eines immer wieder von neuem entdeckten Lebens, das zu generieren er West-Berlin nicht mehr zutraute. Ganz hinten in jenem Buch notierte er: »Denn an der Mauer, da habe ich aufgegeben. Ich verstehe die Mauer nicht. Und ich kann mich selbst nicht verstehen. Die großen Worte tönen wie sinnloses Kindergeplapper, und ihr Echo füllt die Jahre mit idiotischem Gelächter.«[29]

Die Clique Spät und mit einer trotzig geratenen Andeutung hat Will McBride klargestellt, wie er von Würzburg nach West-Berlin kam: über den Umweg seiner italienischen Fahrradreise, gleich nach der Entlassung aus der Armee. In der Jugendherberge in Florenz hatte er eine »Liebe« namens Jan kennengelernt: »Ich ging nach Berlin, denn da kam er her.«[30]

Da McBride nicht diskret war mit Klarnamen, ist offensichtlich, wer gemeint ist, Jan Bassenge. Er steht auch jetzt noch im Berliner Telefonbuch. Auf den Bildern McBrides erscheint er ernst, ja sogar etwas geistesabwesend, ein athletisch gebauter junger Mann mit blonden Haaren. Er hätte auch ein Däne oder Holländer sein können. McBride inszenierte ihn mit Schubkarre beim Wiederaufbau vor der Kaiser-Wilhelm-Gedächtnis-Kirche, in kariertem Hemd und Jackett; Trompete spielend in der Pferdedroschke. Jan war sein erstes Berliner Modell, und zwar in einer fundamentalen Art: Der »bartlose Junge« muss nur »die Lederhosen fallen« lassen, sich die »Armbinde mit dem krummen, eckigen Zeichen« herunterreißen und in eine Jeans schlüpfen, um die Wandlung zu vollziehen. Natürlich hatte McBride Jan Bassenge nicht als Pimpf kennengelernt; die Ansprache war allegorisch und nachempfunden.[31]

Jan Bassenge war nicht allein in West-Berlin, und so fand Will McBride seine Clique. Der Antrieb dieser jungen Leute war der Jazz, nicht der damals zeitgenössische Hardbop von Art Blakey oder Clifford Brown, sondern Oldtime Jazz – New Orleans, 1920er Jahre. Die jungen Leute brauchten eine Weile, um sich einzuhören; auch waren nicht gleich Instrumente zu haben. 1952 oder 1953 wurde ein Club im Keller des Rathauses Schöneberg eröffnet, die »Kajüte«; 1956 umgezogen in einen riesigen Keller am Breitenbachplatz, hieß der neue Treff »Eierschale«. »Hier sind einige Namen von Bands, die zu dieser Zeit in Berlin spielten: Original New Orleans Jazz Band, Riverboat Band, Canal Street Ramblers, Storyville Weepers, The Saints Jazz Band, Windy City Gang und Uptown Stompers.«[32] McBride allerdings amüsierte sich nicht über die allzu wörtliche Anverwandlung der amerikanischen Kultur, sondern bewunderte die jungen Deutschen für ihren Eifer, ihre Begeisterung, ihre Expertise. »Viele Teenager hier kennen das Musikerviertel um die Beale Street, Franklin Street und Basin Street herum so gut wie ihre Hauptstraße oder Brandenburger Straße.«[33] Das blieb den musikalischen Originalen nicht verborgen: »Unterhalte dich mit Louis Armstrong, Bill Brooney, Kid Ory, Duke Ellington oder mit irgendeiner der Jazzgrößen, die hier in den letzten Jahren spielten, und sie werden dir von der Wiedergeburt des Jazz in Deutschland erzählen.«[34] Was McBride nicht erwähnt: dass die späte Rezeption ihrer Musik in Europa viele schwarze Musiker auch deshalb so rührte, weil es, anders als zu Haus, in Europa keine Rassenschranken gab.

Da war Jan, da war Lappes, da waren Evi und Magda. Auf dem bekanntesten Bild des *Riverboat Shuffle* sitzt Evi rittlings auf der Lehne einer hölzernen Bootsbank, dem Fotografen zugewandt, lachend mit offenem Mund, den linken Arm (natürlich im Schlabberpullover) hochgestreckt, nicht als Gruß, sondern zur Feier des Lebens. Auf dem Hochformat mit dem Cliquentreffen auf dem Sitz einer Vespa ist es ihr rechter Arm. In McBrides Legendenbildung war es Evi, die selbstverständlich bequeme Sachen in einem Korb dabeihatte, als sich herausstellte, dass diese Barbara fehlten; ausgerechnet dem Mädchen an seiner Seite, der Worpswederin! Einmal umziehen im Hausflur, und schon gehörte man zur Gegenkultur.

Die Ikone der Stunde allerdings trug eine Last, und auch in ihrem Fall behält McBride ihre Vorgeschichte im Blick. »Evi hatte keinen Vater, sagte sie, sagte es zu der Musik und unseren sich wiegenden Körpern. Ihre Mutter hat eine Flasche Wermut zu Hause und wird sie ausgetrunken haben, wenn sie nach Hause kommt. Und sie sagte immer wieder, daß sie keinen Vater habe, und daß sie vor neunzehn Jahren in der finsteren Kloake des Krieges geboren wurde und in einer Zeit warmer, offener Münder und dem süßen, scharfen, schalen Bieratem empfangen wurde.«[35]

Die Clique bestand aus jungen Paaren; Evi, anfangs mit Jan, bricht mit ihm, als sie »Lappes entdeckt«.[36] Barbara wurde nicht zu einer Ikone der Clique – ihre große Rolle stand noch bevor. Für den Fototermin *Riverboat Shuffle* erweiterte sich die Clique um Leute, die »irgendwie dabei sein mußten, denn nur so wurde das Ganze wirklich wild und aufregend, und sie kannten sich ja vom Sehen«.[37] Diese Offenbarung wird später Barbara in den Mund gelegt. Was macht die Clique? Sie spielt Musik, tanzt, jubelt, trinkt bis in die Morgenstunden. Sie philosophiert nicht, sie liest keine Bücher, sie hat keine Kinder, sie fährt nicht Auto.

Die Clique »modelt«, aber nicht individuell, sondern im Kollektiv. Sie spielt sich selbst vor der Linse von McBrides Leica, kunstvoll darstellend, wie man unbekümmert sein kann. Sie begleitet ihn auch ins Strandbad Wannsee zu »Popcorn und Bikini«.[38] Selbst der Magier auf dem Titel dieses Buches – der über dem Boden zu schweben scheint – ist Teil der Clique, ein junger Mann, Spitzname Stöffie, mit einem phantastischen Lächeln und einer starken Nase.

»Die deutschen Freunde benutzen die englischen Worte ›Riverboat Shuffle‹ für unsere verkrampften, verdrehten Augenblicke des Glücks«[39] – das »erklärt« Will zwar im Präsens, aber ebenfalls im Nachhinein. Was den Fotografien an Schmerz, Überforderung und Eifersucht fehlte, fügte er als Textautor aus der Erinnerung hinzu. *Riverboat Shuffle* war ursprünglich der Titel eines Jazz-Instrumentals, zuerst aufgenommen 1924, und meinte wohl einen mehr oder weniger informellen Tanz an Bord eines Schaufelraddampfers auf dem Mississippi. McBride ist sich der Kuriosität der Verwendung des Titels bewusst, aber sie ist dennoch nicht ironisch gemeint. Offiziell noch eingeschrieben an der Freien Universität, saß er in seinem Dachatelier in Steglitz und probierte sich zeichnend und malend an Darstellungen junger Männer, während die ersten Fotoaufträge eintrudelten, für das *New York Times Magazine*, für *Life*, für *Paris Match*. Er war noch Boheme und auch schon Reporter für die ganz großen Illustrierten. Die Clique symbolisierte für ihn eine Zwischenwelt, in der das Vorkriegsamerika und das Nachkriegsdeutschland, die schönen jungen Frauen und die schönen jungen Männer, die Freizeit und der »Job« miteinander verbunden oder sogar verschmolzen waren; libidinöse Paradigmen. Während die Clique gestisch den Aufbruch symbolisierte, stand sie bei McBride für angehaltene Zeit, die beste des Lebens, vielleicht.

Die Clique als soziale Form ist erotisch, aber frei von Sex. Das unterschwellige Narrativ des *Riverboat Shuffle* ist die Keuschheit, der Aufschub, die Erwartung. Kein Wunder, dass McBride sich so schwertat mit der folgenden Lebensphase, der Rolle als Vater einer Familie.

»Die Clique« sollte ein Buch werden, aber es sprach vieles dagegen: die Eheschließung, das erste Kind, der Umzug nach München, die Aufträge der Illustrierten. Als *Riverboat Shuffle* im Aprilheft 1960 in *twen* erschien, wurde die Bildstrecke von einer imaginären Geschichte begleitet, die der Autor Pitt Breuers beisteuerte. Ob gewollt oder nicht, das Magazin machte die Bilder berühmt, beraubte aber McBride seines autobiographischen Schatzes. Die Protagonisten hießen plötzlich Peter, Usch, Nick, Fred, Eddie und Marga. Auf den Rückseiten der Fotografien – dekorative Handschrift, Bleistift – gab McBride ihnen in den folgenden Jahrzehnten ihre echten Namen wieder, und in seinen Büchern holte er sich die Deutungshoheit von *twen* zurück. Für ihn nämlich war *Riverboat Shuffle* nicht Lifestyle, sondern Idee, ein amerikanisch-deutsches Amalgam, der multiple Ausdruck eines Ichs auf der Suche nach einem Gesellschaftsvertrag.

Strandbad Wannsee Das Strandbad Wannsee war in den fünfziger Jahren ein eher noch proletarischer Ort mit exotischer Atmosphäre. Der Bau von Martin Wagner und Richard Ermisch, entworfen 1927, riegelte einen Kilometer Strand gegen das Hinterland ab. Das Terrassensystem förderte das Sehen wie das Gesehenwerden. In der Nähe lag ein amerikanischer Truppenübungsplatz; man hörte das »schwache Bummern der Kanonen und das Rattern der kleineren Geschütze und das furchtbare Als-ob-Geschrei der Kriegsspiele der Truppen«.[40] McBride, sofern die Datierungen seiner Bilder stimmen, checkte die Szene seit dem Sommer 1956 aus und blieb bis zum heißen Sommer 1959 dran.

Schon früh trainierte er seinen Leicablick, um in Wuselbildern Dynamiken einzuziehen. Bei der *Bergung eines ertrunkenen Mädchens* geht er ganz nah ran, passt den Moment ab, in dem die erschöpften und verzweifelten Retter das Mädchen im schwarzen Bikini ins Querformat tragen. Links rahmt er das Bild mit der Andeutung des Profils einer Frau, die lebende und die tote; ein Knabe, getrieben vom Schicksal, bewegt sich an der Kamera vorbei in Richtung Land. Das Bild ist tatsächlich im Wasser aufgenommen, im flachen Wasser; es projiziert von unten glitzernd zerrissene Konturen. Fast gefroren die Gaffer auf der anderen Seite. Geistesgegenwärtig nimmt der Fotograf als spiegelnden Keil den Wannsee dazu und rahmt ihn sogar noch mit einem Streifen vom lichten Ufer in der Totalen.

Das Bild blieb erst einmal allein im Werk des jungen Künstlers. Zwei Jahre später wurde es ergänzt durch die *Flaschenspiele*. Auf dem rissigen Beton der Terrasse wurde ein seltsames Spektakel aufgeführt: Ein junger Mann, mit seinen zwei Händen gestützt auf Stubbi-Flaschen, bringt seinen ganzen gestreckten Körper ins Equilibrium. Nicht anders als beim ertrunkenen Mädchen zuvor ist McBride auch hier der nächste Zeuge. Er zeigt den ungeheuren Kraftakt in der Aufsicht. Der dunkle Körper des jungen Mannes verdeckt die zentrale Flasche, so dass er über dem Boden zu schweben scheint. Das staunende Publikum zitiert der Fotograf nur im Anschnitt, ein Fries nackter Gliedmaßen im Gegenlicht. Allerdings werfen sie ihre eigenen Schatten in Richtung des Schwebenden, Geister, die den Moment beschwören. Die Szenerie wirkt ärmlich und hart; eher Kalkutta als Berlin; ein Vorschein auf *Siddhartha*. Aber es war ein Zeitvertreib im Strandbad Wannsee, Sommer 1958.

Chlodwig Poths Satiren Will McBride hat seine Zeitgenossen elektrisiert. Selbst Chlodwig Poth, der Frankfurter Satiriker – aufgewachsen in Berlin –, konnte sich ihm nicht entziehen. In seinen Erinnerungen spricht er von seinen frühen Satiren auf *twen*, »die damals viel Furore machte und der man [als Zeitschrift] Inhaltslosigkeit eigentlich nicht vorwerfen konnte, waren doch die Fotos von Will McBride so groß und so irre schön, war doch das Lay-out von Willy Fleckhaus so einleuchtend und stilbildend«.[41]

Bereits in seinem zweiten Buch beim Verlag Bärmeier und Nikel, *Spuck zurück im Zorn* (1961), nimmt er *twen* auf die Schippe. Es geht in dem Geschenkbüchlein aus der Reihe der *Schmunzelbücher* (Poth konnte den Markennamen nicht leiden) um eine weltweite Jugendbewegung – Beatniks in Amerika, Existenzialisten in Paris. Das letzte Kapitel schildert »Die Bewegung in Deutschland«; »den überaus konstruktiven, vorwärtsdrängenden Beitrag« bei der Stilfindung – denn darum geht es – leistet »die soeben gegründete Zeitschrift ›ZWAN‹ (a.d. chinesischen, soviel wie ›Schaffe‹)«.[42] So findet sich in Poths Buch auch eine Karikatur der schwangeren Barbara mit der offenen Jeans, hier allerdings eine Zigarette rauchend. »Für alle Mitglieder der Bewegung verbindlich, klärt ZWAN ideologisch die Erscheinungsweise einer werdenden Mutter, einer Gebärenden und einer Familie.« Insofern hatte Chlodwig Poth die Botschaft der McBrides schon früh im Blick.

Kurz nach dem Erscheinen von *Spuck zurück im Zorn* war Poth einer der Gründer der Zeitschrift *Pardon*. Sie erschien zum ersten Mal im September 1962. Im Januarheft 1963 machte sich der Zeichner und Texter erneut über die *twen* her, diesmal unter dem Pseudonym Alfred Walter Perlus. Als Anlass wählte er die *twen*-Titelgeschichte »Ich liebe meine Frau«, eine der McBride-

Storys – die Familie inzwischen vierköpfig –, die in *twen*-Nr. 12/1962 erschienen war. Poth greift die redaktionelle Begleitprosa auf, die McBrides Bilder als »klar, kühl unsentimental« beschreibt, und schlägt die Masche (Bild und Text absichtlich nicht trennend) »dem Fortschritt« zu, den er ironisch preist, um zu dem überraschenden Urteil zu gelangen: »Das ist wahrer, kühler, moderner Kitsch.«

Poth, damals Familienvater, war kaum ein Jahr älter als McBride. Als Satiriker der saturierten Bundesrepublik liest er McBrides Fotostrecke wie eine Bildergeschichte:

»Erstmal umarmt der Mann ohne Kopf seine Frau, aber die hat einen Kopf und ein Nachthemd an. Dann liegt die Frau alleine auf dem Bauch, und das Bettuch ist ganz zerknäult, so sehr liebt der Mann sie. Dann kommen noch zwei Kinder dazu. Die hängen der Frau mal vorne und mal hinten am Hals, sitzen zwischen ihren Beinen, und zum Schluß sieht sie aus wie Maria mit dem Jesusknaben und Johannes, nur progressiver. Später schminkt sich die Frau, dann raucht sie, und der Rauch hängt so schön kühl und sachlich in ihrem linken Auge, und dann zieht sie sich die Schuhe an, und dann ist Schluß.«

Die Idylle – schwarzweiß, zärtlich, sauber, trendbewusst – vergleicht Poth mit dem Alltag bei sich zu Hause. Da ist seine Frau »bei weitem nicht so schön«, »scheußlich reaktionär«, und es geht auch nicht kühl und sachlich zu. »Ich weiß ja nicht, wie der McBride das immer macht, aber wenn ich mal morgens so richtig unsentimental Joseph und das Knäblein spielen will und hole mir ein Gör nackt ins Bett, gleich pinkelt's mir aufs Plumeau.« Die Doppelseite über *twen* borgt die Auszeichnungsschrift der Münchner Zeitschrift und auch deren Logo, ein Kornett, das wahrscheinlich von Günther Kieser stammte.[43]

Es gibt zwei Karikaturen und die Reproduktion eines McBride-Fotos mit Barbara, Shawn und Brian, auf einem weißbezogenen Bett spielend. In das Foto – das heilige Bild! – ist polemisch die Zeile eingesetzt: »Ich bin eine maßlos vitale Person«.[44] So hatte Poth gleich das Falsche am Barbarasprech, wie *twen* ihn produzierte, mit erfasst.

Die Redaktion von *twen* muss, bei aller Bösartigkeit der Kritik, die unterschwellige Ambivalenz des Frankfurter Autors geahnt haben. Sie arrangierte eine Begegnung McBrides mit Poth, humoristisch präsentiert als Geschichte über einen »Zeichner, der einen Fotografen zeichnet, wie er gerade den Zeichner fotografiert«. Schließlich aber wird der Zusammenhang zur Satire doch noch offenbart:

»Will McBride, Sie erinnern sich, hatte in *twen* seine Familie fotografiert: ›Ich liebe meine Frau!‹ Chlodwig Poth hatte sodann in *Pardon* die Geschichte karikiert« – *twen* lüftet hier beiläufig sein Pseudonym – »und gesagt, seine Kinder würden immer aufs Kissen machen, wenn er sie so hübsch hinsetzen wolle.« Diese Wiedergabe nimmt Poth jede satirische Schärfe. »Und dann fuhr Familie McBride zu Familie Poth, um zu sehen, wie die Kinder das tun, und zu demonstrieren, daß die anderen es nicht tun. Dabei entstand sogar eine Art Verbrüderung. Poth zeichnete für *twen*, wie Sie umblätternd sehen« – es folgt eine Doppelseite mit sieben Alkohol-Cartoons –, »und wird sich mit McBride wohl weiter besuchen. Dann kann der Fotograf fotografieren, wie die Kinder des Zeichners die Kissen des Fotografen zeichnen … Und so weiter.«[45]

Der Vergleich der Karikaturen Poths und der Bilder McBrides in *twen*, über den Text mühsam aufeinander bezogen, stellt tatsächlich ein befremdliches Nebeneinander dar: Die Krakelsatire bohrt sich absichtlich unbeholfen in die Fehlstellen des Sozialen; die Fotografie beschwört die Heiligkeit von Kunst und Familie. So kurios die Idee, es war der Beginn einer Zusammenarbeit von *twen* mit Chlodwig Poth. Und es entstand das Portrait von Chlodwig, dem man ansieht, dass McBride ihn mochte.

Ein Bauernhaus in der Toskana Will McBride fuhr vom Strand bei Lucca in die Berge, kann in den entlegenen Ort Casoli, suchte den höchsten Punkt, stapfte eine Weile bergan durch den Wald und fand ganz oben einen 250 Jahre alten, ziemlich verfallenen Bauernhof, den die alten Bauern rätselhafterweise für wenig Geld zu verkaufen bereit waren. Allerdings blieben sie vorerst dort wohnen. Die ersten Besucher lebten dann mit ihnen und deren Tieren unter einem Dach.[46] Barbara McBride fand darin keineswegs ein südliches Worpswede. Für sie kam Casoli gar nicht in Frage.

Die Aussichten an der dörflichen Peripherie waren damals nicht rosig. McBride notierte später: »Meinen Nachbarn Cappelli beobachtete ich oft, wie der die Kerben an seiner Sichel dengelt und anschließend wieder Gras mäht, so viel wie nötig ist, um die zwei Kühe zu ernähren, die die Milch für seine fünfköpfige Familie geben. Zum Mittag trinkt er einen Liter von seinem Wein und am späten Nachmittag noch einen und am Abend noch einen und dann noch einen, bis er ins Bett stolpert, von dem er fünf Stunden später wieder aufstehen muss, um sein Tagwerk zu beginnen.«[47]

Will McBride gehörte zu den ersten deutschen Siedlern in der pauperisierten Toskana, indirekt, denn er kam zwar typischerweise aus München, aber war immer noch Amerikaner. Das mag den unkonventionellen Stil seines Hauskaufs erklären. Er mochte die menschliche Nähe zu den Bauern und die dörfliche Nachbarschaft, das Grüßen, dass man sich beim Vornamen nannte. Er hieß dort Guglielmo, die italienische Variante von Wilhelm.

Wenn man nicht in dieser Armut aufgewachsen war, schien die Toskana damals durchaus begehrenswert. In der Kleinstadt Camaiore, hügelaufwärts gelegen, aber nicht weit vom Ligurischen Meer, wohnten damals »viele Verlegerfamilien, wie Mondadori, Neurath, Landshof«, erinnerte sich McBride, aber auch Künstler hatten sich in der Nähe niedergelassen, Marino Marini und Jacques Lipchitz.[48] Die deutschen Hauskäufer knüpften unmittelbar dort an, das heißt, sie schlugen Wurzeln im Lokalen und bildeten gleichzeitig eine zum Elitären neigende Parallelgesellschaft. Für McBride war wichtig, dass sein Freund und Mentor Willy Fleckhaus dort unten zu finden war, zumindest im Sommer. Auch »Wolf und Bettina Rogosky, ein deutsches Werbegenie und seine Frau, lebten nicht weit entfernt«.[49] Tatsächlich aber kauften die Rogoskys südlich von Florenz, und das Haus von Willy Fleckhaus, die Casa Macchia, ein 200-Quadratmeter-Natursteinhaus mit »vier Schlafzimmern und drei Bädern«[50] lag bei Castelfranco di Sopra, also mehr als zwei Stunden entfernt vom Bauernhof McBrides.

Was das Siedeln in der Toskana betraf, lag *twen* im Trend oder löste ihn eigentlich aus. Im Juniheft 1965 fuhr die Reisereporterin Ann Thönnissen von »Florenz ins Land des Chianti«, fand dort »billige Häuser mit viel Land, teure Häuser mit noch mehr Land. Außerdem verrät sie günstige Makleradressen und gibt Tips, wo man nach Landesart gut essen und originell schlafen kann«.[51] Dem Reisebericht folgten die Empfehlungen beim Hauskauf, und dann wurden auf vier Doppelseiten neun Beispiele in betörenden schwarzweißen Bildern vorgeführt. Sie kosteten zwischen 9700 und 160 000 Mark und wurden topologisch, historisch und technisch aufs Eleganteste beschrieben, geradezu unwiderstehlich. Und dies war nur der Auftakt einer ganzen Serie von Artikeln zum Hauskauf in der Toskana.

Will McBride war 1965 zeitig vor Ort, um sich ein Filetstück auszusuchen. Aber er tat es nicht. Er kaufte nicht dort, wo alle kauften; nämlich wo der Chianti wächst. Er suchte nicht die pfiffige Investition, sondern eine Utopie. Deshalb stiefelte er ohne jegliche Selbstzweifel ins ärmlichste, bäuerliche Milieu. »In der Toskana ist niemand allein«, wird er in seinem Italienbuch Anfang des nächsten Jahrtausends schreiben, »man ist immer in einem Netz der Familie verknotet, gegen das unser soziales Netz wie eine lächerliche Attrappe wirkt. Dieses Familiennetz fängt jeden auf, der stürzt: Kinder, Alte, Kranke und Pechvögel«.[52]

Das Haus, mit bröckelndem Dach, muss eine Weile warten, bis McBride mit Roland Pfeffinger, den er zum Jahreswechsel 1973/74 in Hamburg kennengelernt hat, dort anlandet. Für Roland, der sich als guter Handwerker und Gärtner erweist, ist es der ideale Ort (er lebt heute noch dort). Für junge Leute, die McBride in den achtziger Jahren von Frankfurt nach Casoli lotst, ist der Aufenthalt ein einziges hedonistisches Vergnügen. Sie lümmeln nackt auf den Felsen am Meer oder stehen geduldig im Atelier Modell. Der Arbeitseinsatz findet statt, führt aber nicht weit: »Wir bauten einige Stufen und die Steinmauer, die den Anfang für einen Weg nach unten zur Straße bilden sollte. Wir haben heute noch immer keinen Weg, und die hundert Natursteinstufen durch den Wald zum Haus werden für mich jedes Jahr beschwerlicher. Ich bin jetzt über siebzig und hätte gern eine kleine Straße zu meinem Haus.«[53] Nach einem Hüftbruch bewegt McBride sich auf Krücken.

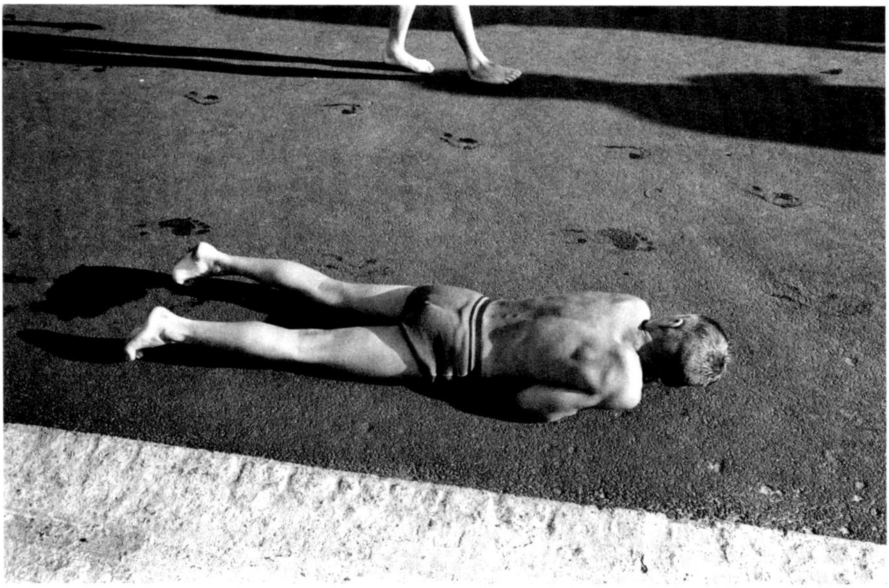

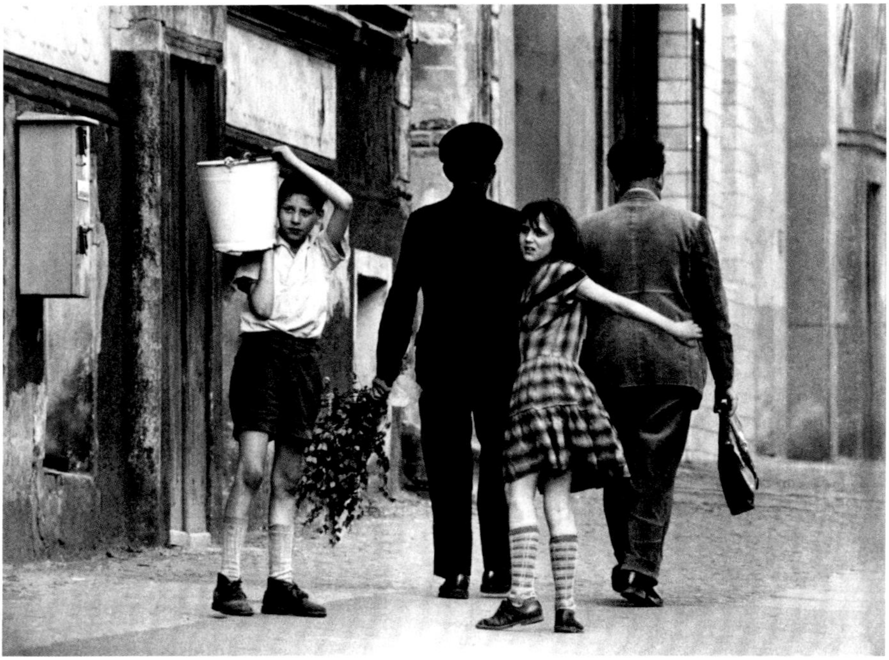

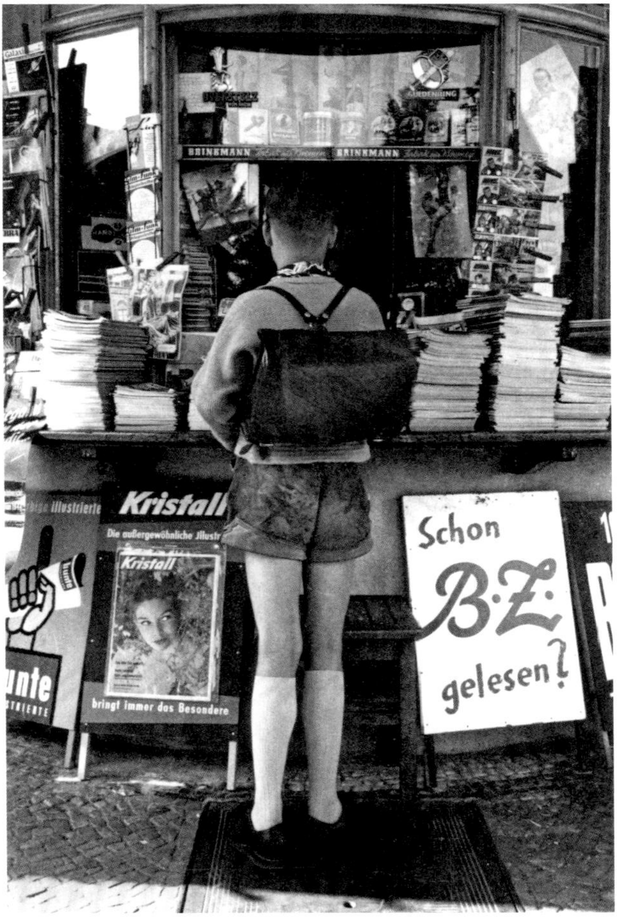

BRINKMANN
BRINKMANN
Kristall
Die außergewöhnliche Illustr
Kristall
bringt immer das Besondere
Schon
B·Z
gelesen?

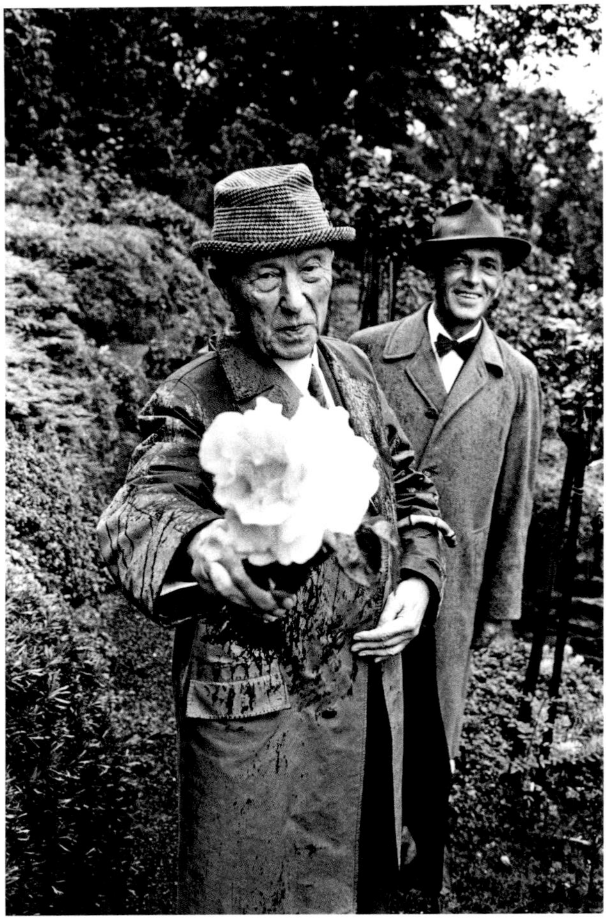

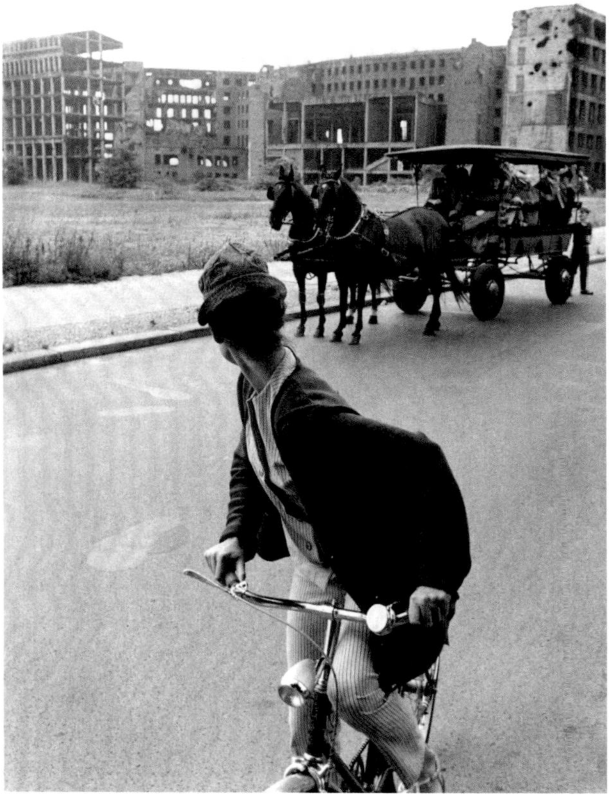

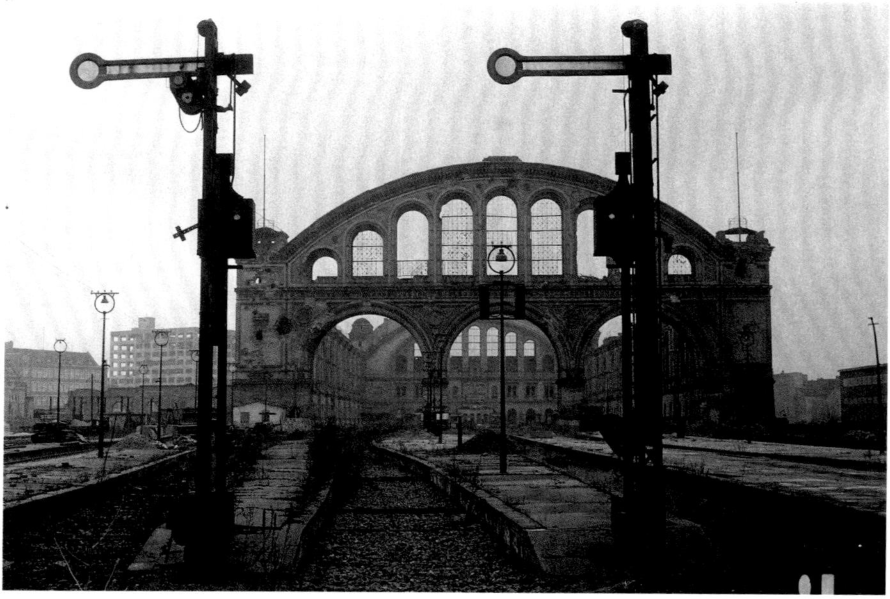

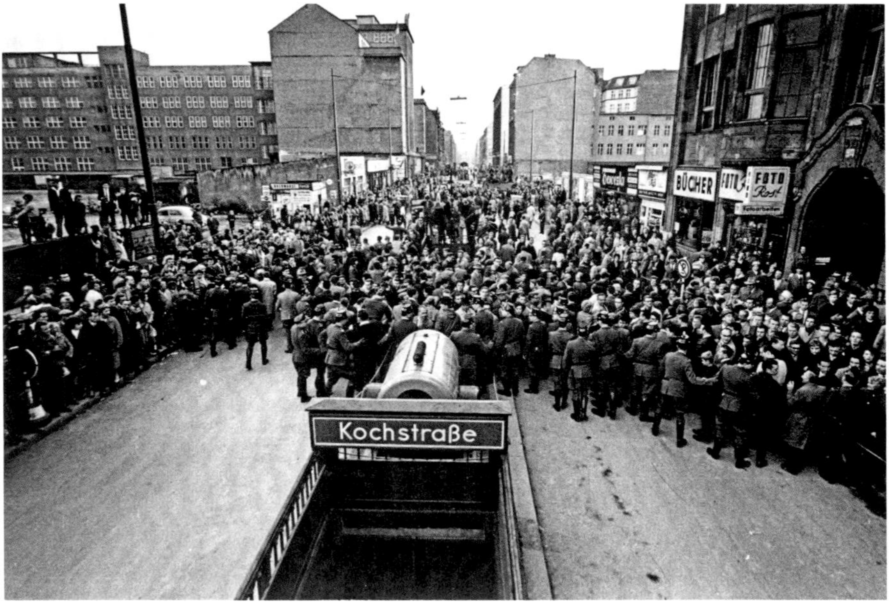
Kochstraße
BÜCHER
FOTO
Rost

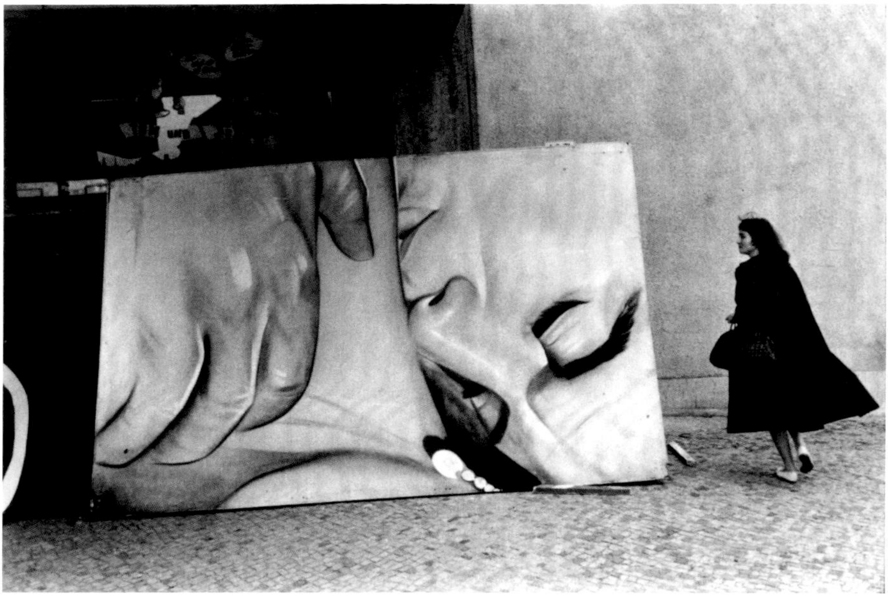

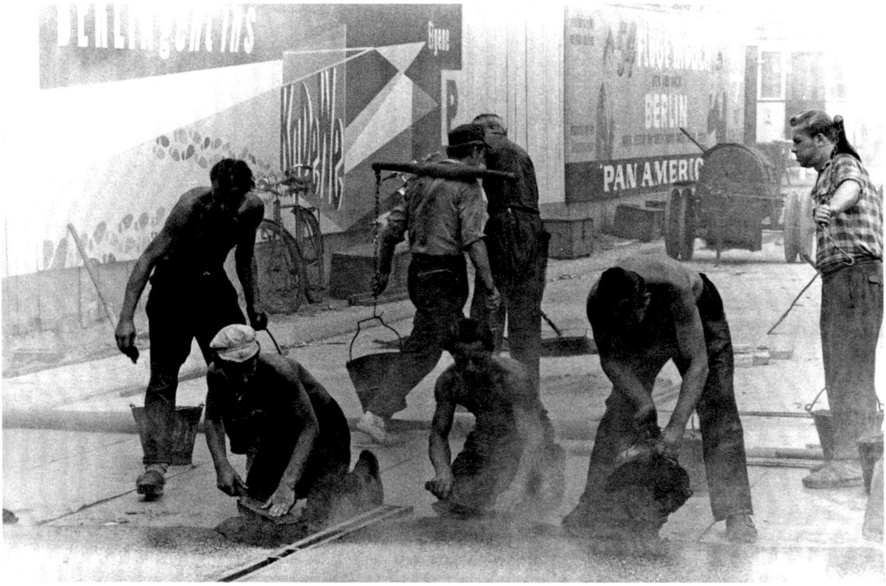
BERLIN
PAN AMERIC

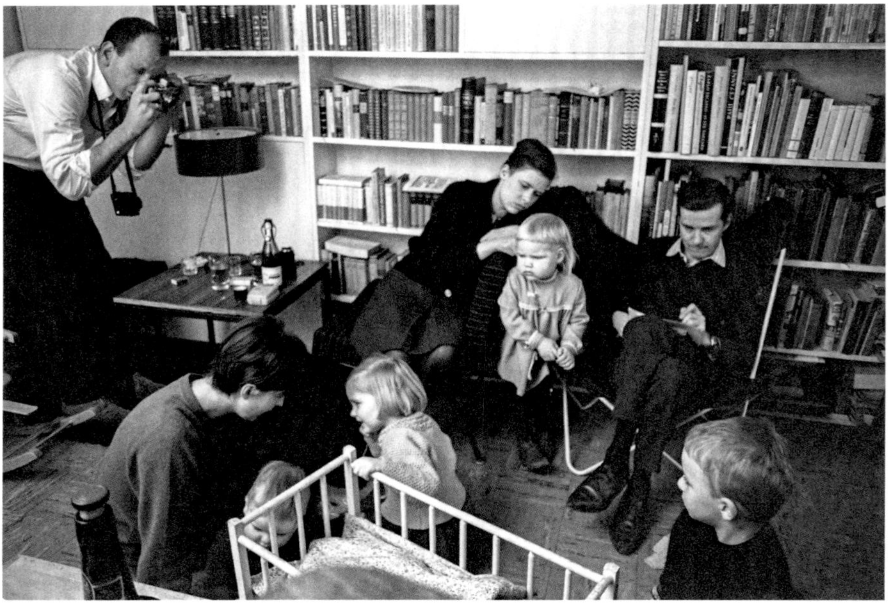

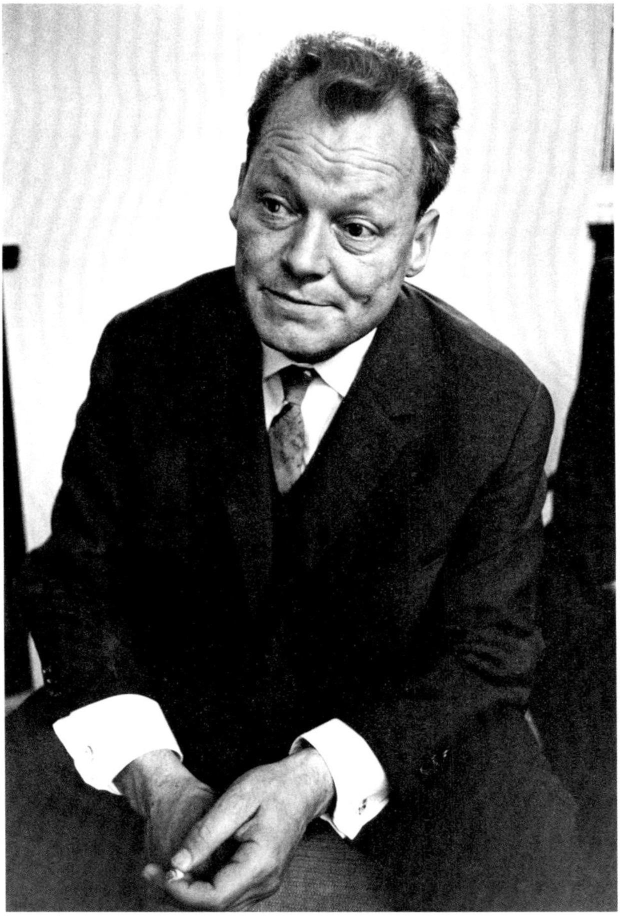

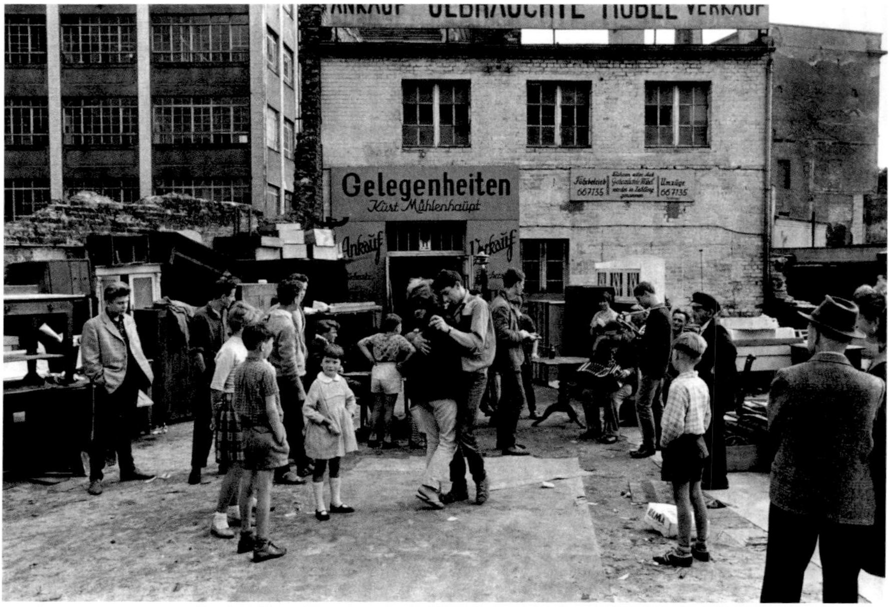

Gelegenheiten
Kurt Mühlenhaupt
Ankauf
Umzüge
667135

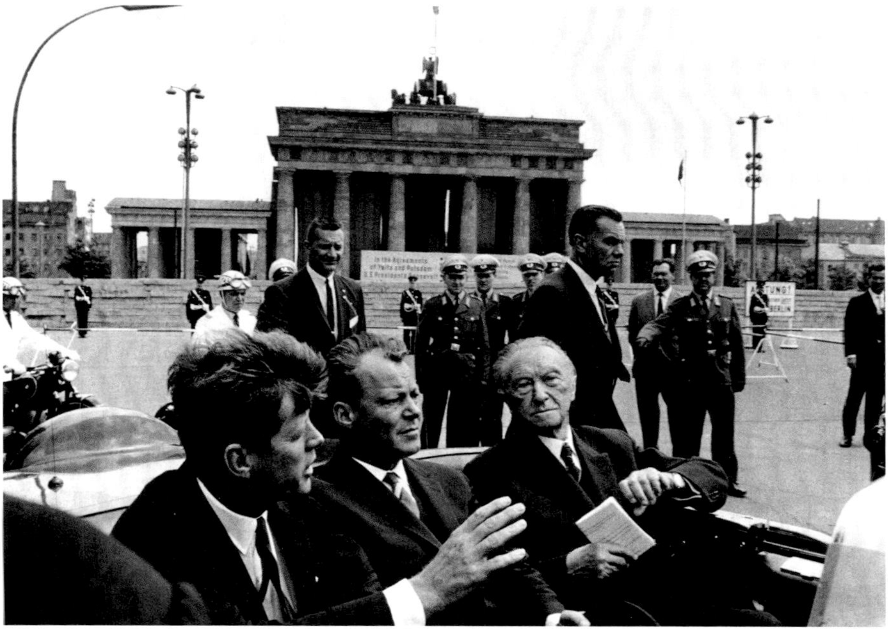
In the Agreements
of Yalta and Potsdam
BERLIN

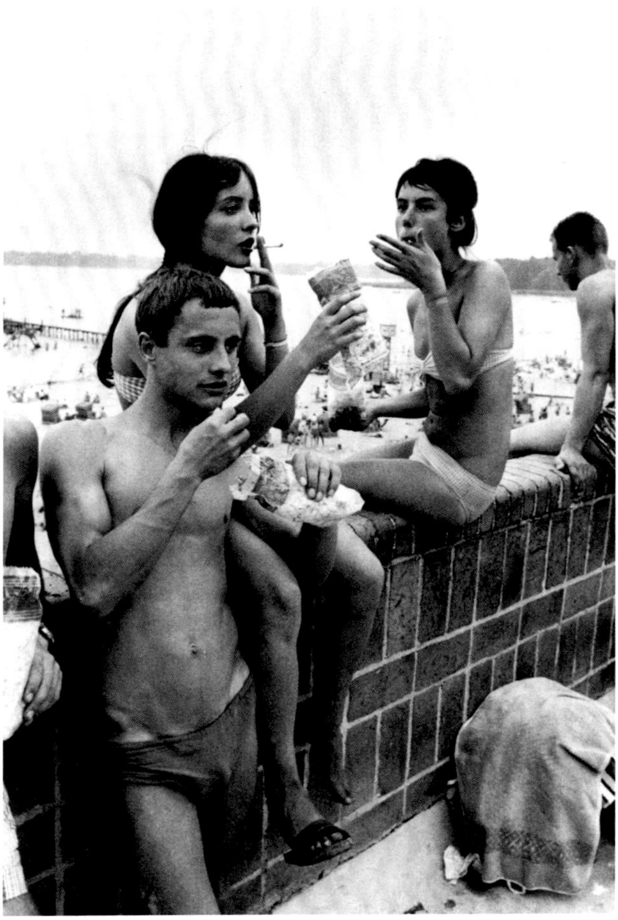

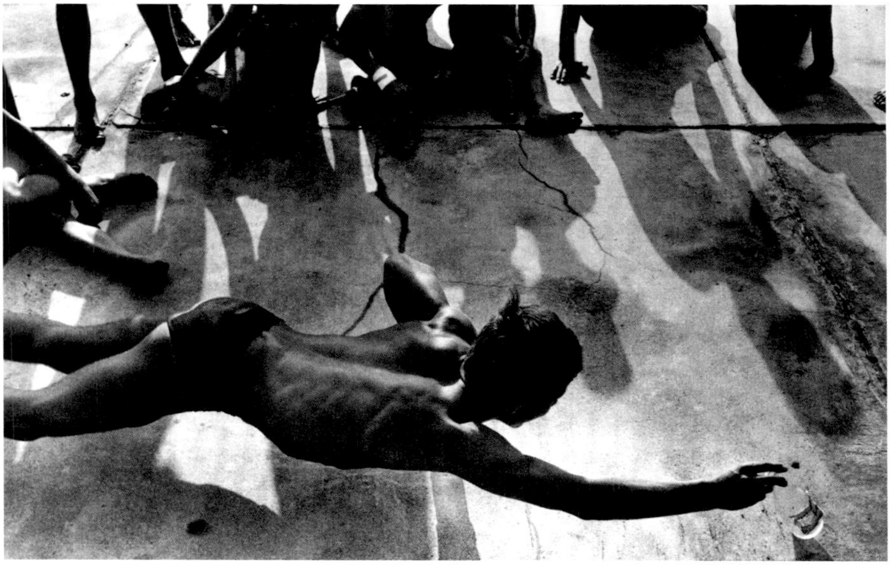

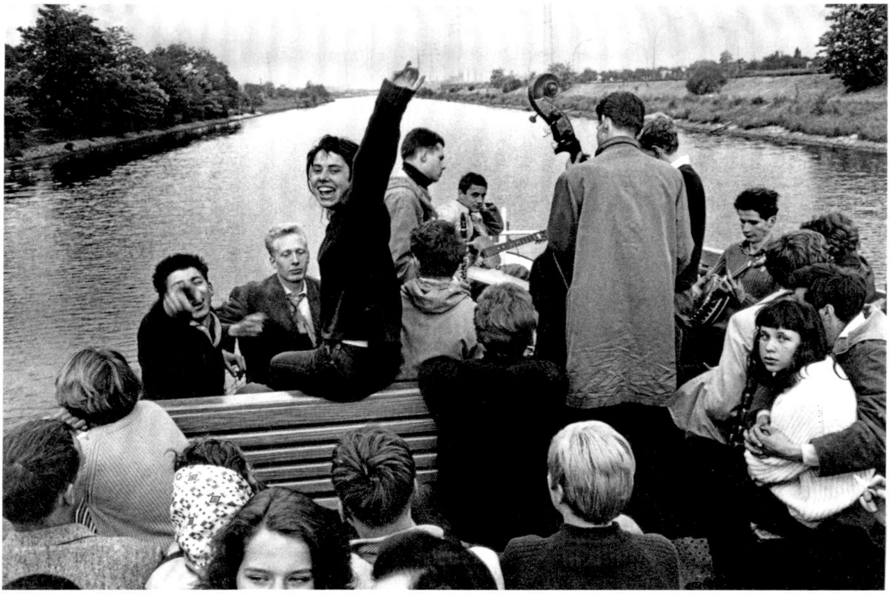

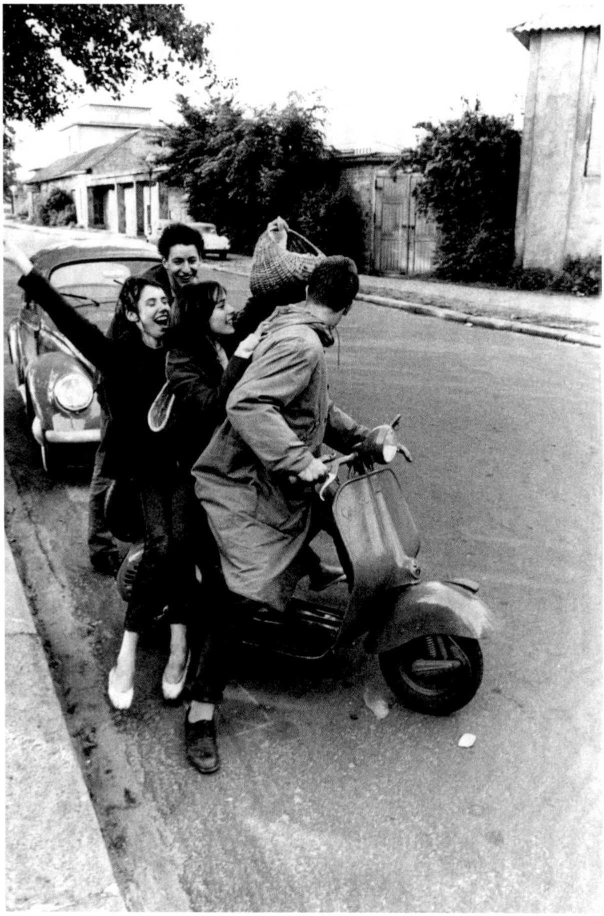

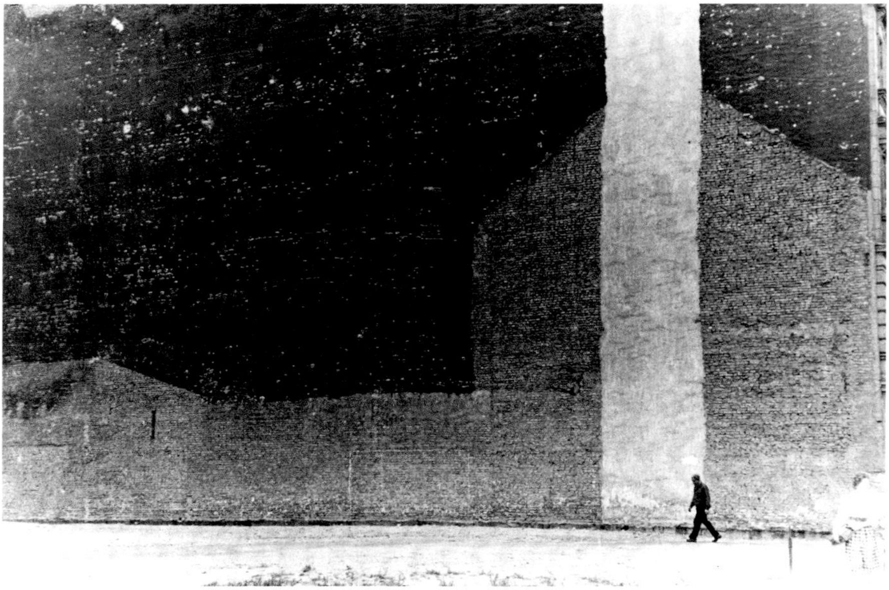

HfG Ulm Die Hochschule für Gestaltung in Ulm war eine dezidierte politische Gründung und endete 1968 mit einer Schließung, die ebenfalls als politisch wahrgenommen wurde. Im Rektorat der Hochschule hingen »vergrößerte Abzüge«[54] der Portraitfotografien von Hans Scholl und Sophie Scholl, der Münchner Studenten, die am 22. Februar 1943 vom Reichsgerichtshof abgeurteilt und noch am selben Tag hingerichtet worden waren – das Ende der »Weißen Rose«. Sie wären zur Zeit der Gründung der Hochschule, 1953, selbst noch junge Leute gewesen.

Robert und Magdalene Scholl hatten sechs Kinder, von denen fünf das Erwachsenenalter erreichten: Inge, Hans, Elisabeth, Sophie und Werner. Hans und Sophie, als junge Studenten in München, erkannten die Verbrechen des Naziregimes und begannen, ohne politisches Netzwerk, Widerstand zu organisieren. Robert Scholl saß nach der Hinrichtung seiner Kinder anderthalb Jahre im Gefängnis, und die Familie zog sich für den Rest der Zeit, bis zum Ende des Krieges, auf einen Hof im Südschwarzwald zurück. Der »Weißen Rose« nah stand ein junger Mann namens Otto Aicher, der sich später sehr liebevoll an Sophie erinnert hat;[55] da war er schon drei Jahrzehnte mit der überlebenden Schwester Inge Aicher verheiratet. »Otl« Aicher und Inge Aicher-Scholl gründeten 1946 eine Volkshochschule in Ulm und entwarfen das Konzept der Hochschule, mit der 1950 gegründeten »Geschwister-Scholl-Stiftung« als Träger. Es ging zunächst um eine Hochschule für staatsbürgerliche und demokratische Erziehung, nicht eine Akademie, sondern eher ein College: Arbeit in Kleingruppen und Mitarbeit der Studenten in der Verwaltung. Bereits die Ulmer Volkshochschule unterhielt Kontakte zu Martin Buber, Werner Heisenberg, Konrad Lorenz, Carl Orff und Hans Werner Richter. Dann aber ging der Entwurf doch in Richtung eines New Bauhaus. Es gab keine Professoren, sondern nur »Dozenten«.

Gründungsdirektor Max Bill stellte die personelle Verbindung dar: Er hatte 1927/28 am Bauhaus studiert. Allerdings war er nicht, weder positiv noch negativ, verwickelt in die Frage der deutschen Schuld. Stattdessen brachte er die Schweizer »Kontinuität« mit, so heißt eine Skulptur, die Bill 1986 vor der Deutschen Bank in Frankfurt am Main aufstellen ließ. Von Max Bill stammte auch der Entwurf für die modernen Gebäude, die in Ulm in weniger als einem Jahr entstanden, Unterrichtsräume, Werkstätten, Mensa, Wohnanlage. Das bleibende Symbol ist der »Ulmer Hocker«: ein Sitzblock aus drei Brettern, dessen Seitenteile zusätzlich durch einen runden Stab verbunden sind. Über Max Bills Architektur schrieb René Spitz: »Der programmatische Baukörper« forcierte »eine ununterbrochene Auseinandersetzung aller HfG-Angehörigen mit den praktischen und theoretischen Fragen der Gestaltung, mit aktuellen Projekten und Kontroversen. Dieses Klima der gegenseitigen Nähe war typisch für das Leben an der HfG und wurde je nach Persönlichkeit als befruchtender Wettstreit, bedrückender Konkurrenzkampf oder unerträglich provinzielle, klösterliche Enge wahrgenommen«.[56]

Eine verblüffende Synopsis dessen, was in Ulm geschehen war, findet sich in der zweiwöchentlichen Gewerkschaftszeitung für die Jungen, *Aufwärts*, vom 25. November 1954. In einfachen, wohlgewählten Worten wird dort die HfG – noch in der Gründungsphase – vorgestellt. »Hinter dieser Schule sollten die Sympathie und Hilfe des DGB stehen. Das ist schon eine kulturelle Tat!«, endet der ganzseitige Artikel, gezeichnet »elf«, offenbar das Kürzel von Willy Fleckhaus, der für die »Graphische Gestaltung« im Impressum stand.[57]

Als im weißen Gebäudekomplex, über der Stadt Ulm nach den Plänen Max Bills erbaut, der Lehrbetrieb aufgenommen worden war, schob *Aufwärts* eine Doppelseite über die Hochschule nach.

Der kurze Text wird hier komplett wiedergegeben. Diesmal fehlt das Kürzel:

»Die Technik, die das heutige Leben beherrscht, hat in der Kultur unserer Zeit noch nicht den gemäßen Platz gefunden. Die Hochschule für Gestaltung hat sich die Aufgabe gestellt, dazu beizutragen, daß Zivilisation und Kultur in Einklang gebracht werden. Ausgangspunkt hierfür ist, daß alle Gegenstände, die sich der Mensch für seine Bedürfnisse schafft und die ihn täglich umgeben, als Kulturfaktoren angesehen werden, da sie unsere Lebensform entscheidend beeinflussen. Löffel und Maschine, Verkehrszeichen und Haus haben insofern die gleiche Bedeutung.

Die Aufgabengebiete der Hochschule für Gestaltung sind Produktform, Architektur, Stadtbau, visuelle Kommunikation und Information. Sie werden als Einheit angesehen, als ein in sich geschlossener Kreis, dessen Sektoren sich überschneiden.

Zur Hochschule gehören Sozialeinrichtungen mit Wohnbauten für Dozenten und Studierende.[58] Die Hochschule ist als unabhängige Institution nicht an Konfessionen oder Parteien gebunden. Dozenten und Studierende kommen aus verschiedenen Ländern und geben der Hochschule übernationalen Charakter.

Die Zahl der Studierenden übersteigt 150 nicht. Sie wird bewußt niedrig gehalten, um eine individuelle Ausbildung zu ermöglichen.«[59]

Von den 282 Dozenten in der fünfzehnjährigen Geschichte der HfG blieben etwa drei Viertel nicht länger als ein Jahr. Entweder man wurde gänzlich »Ulmer«, oder man schneite nur herein. Fest steht, dass Will McBride im Studienjahr 1965/66 für das Fach »Fotoreportage« geholt wurde – und dass niemand anders es in fünfzehn Jahren dort lehrte. McBride, Anfang dreißig, passte natürlich zu einem neuen Bauhaus, denn seine Fotografie hatte junge Leute als Helden und war – wenn auch vage – zum Neuen und Unkonventionellen hin orientiert. Für seine spezielle Methode, nicht wirklich Reportage, brauchte er immer Modelle, die Frische und Lebensmut ausstrahlten; das heißt, wer in Ulm wie McBride fotografieren wollte, brauchte nicht viel mehr als die HfG und ihre Studierenden als Gegenstand. McBride hat in seiner kurz gefassten Chronologie – in der linken Klappe von *I, Will McBride* – den Lehrauftrag gelistet, aber im Buch die Begegnung mit den Studierenden nicht festgehalten. Etwas kurios bleibt der Umstand, dass er im Jahr 1965 nur eine fotografische Monographie vorweisen konnte, und die hatte – ausgerechnet – Konrad Adenauer zum Gegenstand.

Seinen Einsatz als Dozent absolvierte der Fotograf, aus München kommend, wohl als Blockseminar, oder es gab mehrere davon. Jedenfalls wurde von einer Besprechung – mit Schreibmaschine – ein Protokoll erstellt, das neunundvierzig Seiten umfasst.[60] Es gibt fünf Sprecher, »Stud. I«, »Stud. II«, »Stud. III«, »Stud. IV« und »McB.«. Dem Gespräch allerdings lässt sich entnehmen, dass McBride in Ulm elf Leute unterrichtete. Allein der Aufwand des Protokolls verrät, dass es sich um etwas Wichtiges oder Repräsentatives gehandelt haben muss – nicht unmöglich, dass die Wortführer, I und II, zur Einleitung des Treffens mit dem Dozenten eine Art Podiumsgespräch führten. Die Studierenden, die als eloquent galten und Muttersprachler waren, nahmen den Fotografen exemplarisch in die Mangel; die anderen hörten einfach zu, bis konkret die Kontaktbögen angeschaut wurden.

McBride hatte seine Aufgabe zu diesem Zeitpunkt bereits gestellt, und die ersten Ergebnisse lagen vor. Der Dozent ist enttäuscht von dem, was geliefert worden ist, und die Studierenden hadern mit seinen Anforderungen. Es gibt einen Konflikt, dessen Kern mit dem Verständnis von Subjektivität zu tun hat. Die Studierenden sollen ein Thema fotografieren, das sie angeht, und dieses in eine überzeugende Bildsequenz fassen. Was McBride nicht interessiert, ist die reine Beobachtung eines Milieus: Kleingarten, Kneipe, Kirche. Die Studierenden lenken das Thema auf die moralische Frage, wessen Partei der Reporter nimmt, und benutzen ausgerechnet den Vietnamkrieg als Beispiel. Sie glauben, dass ein Kriegsberichterstatter die Sicht der Armee darstelle, die ihn mitgenommen hat. Insofern wäre Subjektivität eher Vorurteil, also das Gegenstück zur Objektivität, die aber in einem riesigen Szenario der Gewalt und des Leidens unbedingt vonnöten sei. McBride, der selbst keine Erfahrung im Krieg hat, versucht, die Studierenden in den Alltag zurückzubringen: »Und deswegen habe ich Sie gebeten, aus den eigenen Erlebnissen, was kein anderer erlebt hat, zu arbeiten – weil die Fotos unmittelbar sein müssen.«[61]

Er liegt völlig richtig darin, dass die Reportage vor der Haustür zu finden ist, wenn man nur richtig hinschaut. »Stud. II« hat nämlich in Ulm einen Kommilitonen entdeckt, der ausgerechnet aus Vietnam stammt. Es ergibt sich folgender Dialog:

»McB.: Wie hat er denn in Vietnam gelebt? Wohnte er in einer Stadt, oder auf einem Dorf?

Stud. II: Er war erst in Süd- und floh dann nach Nordvietnam, zur Zeit der Franzosen, und da muss er wohl sehr viel erlebt haben. Er hat gearbeitet und war quasi ein halber Partisan. Er wurde nach Budapest delegiert, war dort 6 Jahre, bis 1959.

McB.: Budapest ist doch westlich?

Stud. II: Ja, es ist ziemlich westlich, er sagte, es sei ziemlich frei gewesen. Er bewohnte dort ein grosses Atelier, hatte keine Möbel und konnte somit tun und lassen, was er sollte [eigentlich: wollte]. Er lebte quasi zwischen Büsten und Bildern. Dann wurde er zurück beordert, weil er sich mit einer Ungarin verheiratete – dies ist für einen Vietnamesen verboten. Er war dann also wieder in Süd-Vietnam, um sich ein neues Visum zu besorgen, ging wieder nach Budapest zurück und floh kurz danach über Österreich nach Deutschland. Er war auch ein Jahr in Bayreuth, als Bühnenbildner bei Wieland Wagner, hatte dort viele und gute Beziehungen, und es ging ihm sehr gut. Er lebte wie die Made im Speck. Jetzt ist er hier und ist traurig, dass er quasi kein Geld hat. Er glaubte, es ginge ihm hier wie in Ungarn, und er würde viel Stipendium erhalten. Jetzt wohnt er nun in dieser schwäbischen Familie, muss 140.– DM Miete zahlen usw. Arbeiten kann er auch nicht richtig. Er ist seit zwei Wochen hier auf der Schule.«[62]

Aus der Besprechung der fotografischen Kontaktbögen ergibt sich der erstaunliche Nachtrag des Studierenden: »Das Komische ist, daß er, der Vietnamese, die Familie als Fremdkörper empfindet und die Familie [ihn] aber gar nicht. Sie nahmen ihn wie einen Sohn auf.«[63]

Stud. II ist also ein guter Zuhörer mit Sinn für das erzählerische Potential einer Biographie. Aber er – oder sie – hadert mit der Visualisierung: »Ich habe als erstes ihn fotographiert, wie er selbst für sich kocht. Das war sehr schwierig, weil erstens die Küche sehr klein war und auch noch dunkel.«[64] Dem fügt er später eine weitere Schwierigkeit hinzu: »Ich wollte gerne, daß man sieht, daß es Küche und Waschgelegenheit zugleich ist.«[65]

Will McBride findet, dass seine Eleven Zeit genug gehabt haben, und beklagt die Magerkeit der Ergebnisse. Da fotografiert jemand eine Wache der Bundeswehr bei Nacht, und vor lauter Dunkelheit sieht man nichts. Jemand ist an seinen Objekten zu dicht dran – McBride würde das mit einem Superweitwinkel fotografieren; aber wo sollen Studierende eines auftreiben? Drei

Filme zu belichten, um ein Thema anzureißen, findet McBride zu wenig. Es könnten zehnmal so viele sein. Aber haben die Ulmer Studenten die Mittel dafür? Man liest in diesem Gespräch sämtliche Debatten und Missverständnisse der Fotoschulen, wie sie später in Deutschland üblich werden würden. Die Teilnehmer des Fotoseminars scheinen noch zu rätseln, was McBride von ihnen will: nämlich sich zum Thema zu bekennen; es sich anzueignen; das Motiv zu kneten, bis es dynamisch wird; die Beobachtung mit eigenen Gefühlen zu verknüpfen. Wohin er seine Studierenden gern leiten würde, geht aus seiner Überlegung hervor, wie man das Motiv des Mondes bei der Nachtwache der Bundeswehr ergänzen könnte:

»Ich würde mich ja auf alle Fälle auf den Mond konzentrieren, irgend[etwas], was rund ist, vielleicht eine Brustwarze, also ich glaube nicht, daß ein Mädchengesicht hinhaut, weil es nicht rund ist.« McBride wiederum beginnt den Horizont zu ahnen, vor dem in Ulm gedacht wird. Er kommt sogar auf seine »Vorurteile« zu sprechen. Praktizierende Grafiker hätten ihm gesteckt, dass es sich bei den Ulmern um »Kleckserumschieber«[66] handele, also um Formalisten; jetzt sieht er junge Leute vor sich, die wirklich von ihm wissen wollen, wie man ein gültiges fotografisches Bild macht.

Die HfG Ulm war eng verbunden mit der Industrie und hat letztendlich etliche einflussreiche Produktdesigner hervorgebracht. Zu den Ulmer Kunden und Förderern gehörten die Firma Max Braun und die Lufthansa; der großartige Entwurf der Waggons der Hamburger Hochbahn stammt aus Ulm. Wiederbelebt wurde der Funktionsbegriff des Bauhauses, gefestigt durch das Schweizer Konzept der »guten form«. Aber im Kern der Gestaltungsfrage der Ulmer Dozenten – über die sie unentwegt stritten – lag »das Glaubensbekenntnis, daß Häßlichkeit im Kleinen zu Häßlichkeit und Schlechtigkeit im Großen« führe.[67] Der richtige Entwurf, für den Gebrauch gemacht, von dauerhaftem Nutzen, von betörender Einfachheit, sollte nicht dem Konsumenten frische Statussymbole verschaffen, sondern das Bild eines neuen Menschen hervorzubringen helfen. Der Funktionalismus von Ulm, mit dem Erbe der »Weißen Rose«, war noch sehr viel mehr ein moralisches Unterfangen, als er es je am Bauhaus gewesen war. Dass man rückblickend durchaus einen »Ulmer Stil« ausmachen konnte, stand zur Absicht im Widerspruch, denn »Stil« war oberflächlich, dem Gegenstand aufgezwungen. Man war an der HfG unterwegs zu einer offenen, demokratischen Gesellschaft; das heißt, man wollte nicht die Demokratie schöner machen, sondern die Objektwelt demokratisieren: den Stadtbus, die Straßenbeleuchtung, den Heuwender, den Reisekoffer, den Rasierer. Als Fanal der Zeit galt die »Radio-Phono-Kombination SK 4« für die Firma Braun, 1956, quasi der Beweis, pünktlich zur Gründung der Hochschule, dass es möglich sein werde, das behäbige Eichenmobiliar aus dem Eigenheim zu verdrängen. Die »Musiktruhe«, in diesem Fall. Die »Kombination« war weiß und bekam den Spitznamen »Schneewittchensarg«. Ihr Schöpfer, Hans Gugelot, war selbstverständlich Dozent an der HfG, fast von Anfang an, bis 1965, als er bereits starb. Sein Mitstreiter für das »Erscheinungsbild« von Braun (also alles, was mit Schrift zu tun hat): Otl Aicher.

Niemand, der von faulen Traditionen und düsteren Stilmöbeln genug hatte, konnte sich der Coolness dieser Gestaltung entziehen. Selbst Chlodwig Poth in Frankfurt, der sich über den unbekümmerten Lebensstil der Familie McBride lustig gemacht hatte, fand in seinen Erinnerungen, man habe unbedingt modern sein müssen: »Plattenspieler und Radio mussten von der Firma Braun sein, das war Pflicht für unsereinen, der nicht als ästhetischer Banause eingestuft werden wollte. Der Tisch auf dem Flokatiteppich durfte nur streng viereckig und von der Firma Knoll sein, von der Decke hing eine japanische Ballonlampe und als Sessel kam eigentlich nur die Fledermaus infrage, jenes schwarze Leinentuch mit vier taschenartigen Laschen, das über ein weißes gebogenes Stahlrohrgestänge gestülpt wurde.«[68]

Ein nur gelegentlicher Besucher hat in englischer Sprache über die Hochschule in aller Kürze gründlich Bericht erstattet: der Maler und Radierer Richard Hamilton. Ein erster Beitrag erschien im *Architects' Journal*, July 1958, und ein zweiter in *Design*, Juni 1959.

Als Hamilton zu Besuch war, gab es noch den Grundkurs, den Tomás Maldonado konzipiert hatte, ein einflussreicher – zum Zeitpunkt der Niederschrift dieses Manuskripts 96-jähriger – Industriedesigner, der aus Buenos Aires stammte. Der Grundkurs wolle »den Studenten mit den wichtigsten Fragen technologischer Zivilisation vertraut machen«, notierte Hamilton. Studenten lernten, »ihre Instrumente mit absoluter Präzision anzuwenden«.[69] Hamilton war selbst Techniker gewesen: In den Kriegsjahren hatte er in den Labors von EMI getüftelt, als junger Hochschullehrer reparierte er verwaiste Lithowerkstätten. Er beteiligte sich maßgeblich an der Rekonstruktion des *Großen Glases* von Marcel Duchamp. Als Technologiefreak war er überwältigt vom Ernst und von der Systematik der Ulmer Lehrer.

Hamiltons Kunst war hintersinnig und ironisch. Eines seiner ersten Gemälde heißt, nach dem Slogan einer Anzeige, *Hers is a lush situation* (»Ihre ist eine üppige Lage«) und erweckte den Eindruck, ein amerikanischer Straßenkreuzer werde, partialisiert, zurückübersetzt in einen menschlichen Körper. Das heißt, Hamilton sah in der Autowerbung die erotische Verführung und stellte diese – augenzwinkernd – aus.

1965 taucht in seinem Werk plötzlich ein »Still-life« auf, ein Genre, mit dem er sich zuvor nicht beschäftigt hatte. Angedeutet ist ein Arrangement auf dem Esstisch, ganz aus der Nähe gesehen, mit zwei (angeschnittenen) Cocktailgläsern und einem großen, tiefschwarzen Gerät – die Bedienungsleiste eines Tischgrills –, dessen Firmenlogo »BRAUN« er übersetzt hatte in »BROWN«.[70] Es handelt sich um eine kunstvoll überarbeitete PR-Fotografie, wenn man den Quellen glaubt.

Richard Hamilton war so besessen vom Braun-Design, dass er behauptete, diese »Konsumprodukte haben in meinem Herzen und Bewusstsein den Platz eingenommen wie der Sainte-Victoire bei Cézanne«.[71]

Hamilton glaubte, die Entwürfe der Industrieprodukte stammten alle von Dieter Rams. Tatsächlich wurde der Tischgrill HG1 und auch der vom englischen Künstler so bewunderte Ein-Schlitz-Toaster HT2 von Reinhold Weiss entworfen, der Hamilton, noch als Student in Ulm, mit großer Wahrscheinlichkeit begegnet war. Weiss wechselte nahtlos ins Designteam von Braun.

Die Ulmer Gestaltung war also für Richard Hamilton so aufrichtig, dass er die typische utopische Kehre der HfG mitvollzog. Sein Zynismus gegenüber der Suggestion der Warenwelt endete dort. Tief muss er den minimalistisch-funktionalen Ernst deutscher Gestaltung in sich aufgesogen haben, denn als die Beatles ihn baten, für sie eine Schallplattenhülle zu gestalten, wurde es ein weißes, (von außen) bilderloses Klappcover, mit einer weißen Prägung vorn drauf, die sich »The BEATLES« buchstabierte. Innen: vier schwarzweiße Portraits von gleichem Zuschnitt, die Titel der Stücke, der Nachweis (wo hergestellt) – und fertig. Der Entwurf war so minimalistisch, dass die Platte noch nicht einmal einen Namen hatte; wobei der Volksmund aushalf und sie *The White Album* nannte. Das Erscheinen der Doppel-LP im November 1968 fiel zusammen mit der Schließung der HfG Ulm und dem Ende der Geschwister-Scholl-Stiftung (im Dezember). Ob die Beatles auch nur ahnten, wofür sie ein weltweites Denkmal geliefert hatten?

Die Leica Nach der Entlassung als Soldat in Würzburg am 30. Juni 1955, auf seiner ersten Reise nach Italien, hatte Will McBride offenbar eine Mittelformatkamera dabei, oder gleich zwei davon, mit »einigen Zusatzobjektiven« und »einem Vorrat von 40 Tri-X-Filmen«.[72] Jedenfalls waren die Negative quadratisch. Mit den ersten Bildern aus dem Westen Berlins änderte sich das Format der Negative. Das Seitenverhältnis war plötzlich 2:3. Offenbar hatte er sich seine erste Leica gekauft. Also reihte sich McBride ein in die große Tradition der beobachtenden Fotografie: Robert Capa, Germaine Krull, Henri Cartier-Bresson. Allerdings war die Leica, markteingeführt 1924, bis in die fünfziger Jahre des zwanzigsten Jahrhunderts eher eine Kamera der Laien gewesen, eine mechanisch und optisch präzise Sucherkamera mit einem gewissen Prestige, deren »Kleinbildnegative« – 36 auf einem Streifen – in der heimischen Dunkelkammer vergrößert wurden. Der Focomat von Leitz war ein leicht zu handhabendes, elegantes Vergrößerungsgerät. Man brauchte noch nicht einmal ein Objektiv zu kaufen, um die Negative auf Papier zu projizieren – es wurde einfach die Optik aus der Kamera heraus- und in den Vergrößerer hineingeschraubt.

Selbstverständlich hat Leitz irgendwann auch Spiegelreflexkameras angeboten und tut es, mit digitalen Speichern, bis heute. Aber die frühen Leicas waren eben Kameras, durch deren Linse man als Fotograf nicht schauen konnte. Stattdessen schaute man durch den Sucher daneben, was bedeutete, dass der Ausschnitt, den man sah, nicht ganz genau der war, den die Kamera wiedergab, je ungenauer, desto näher man dem Objekt mit der Linse kam. Wechselte man vom Standard- zum Teleobjektiv, verkleinerte sich der Bildrahmen zum Bild im Bild. Die Entfernung konnte man am Objektiv einstellen, aber musste sie raten, es sei denn, man kaufte sich ein optisches Zusatzgerät, den Entfernungsmesser, der oben auf die Kamera montiert wurde. Die Leica II, seit 1932, hatte dann eine integrierte Messung per Schnittbild. Damit war nur die Entfernung gemessen, aber noch nicht das Licht. Es bleibt verwirrend, wie kompliziert die Technik einer Kamera war, die für ihren spontanen Gebrauch berühmt geworden ist.[73] Das liegt daran, dass in der Ära der Schwarzweißfotografie, zumal wenn man die Dunkelkammerpraxis beherrschte, kleine und mittlere Fehler ausgeglichen werden konnten. Weil es also möglich war zu raten, wurde es auch getan. Geübte Fotografen konnten korrekt kadrieren, ohne durch den Sucher zu schauen; sie rieten Entfernungen und schätzten das Licht im Verhältnis zur Empfindlichkeit des Films, das heißt, sie wussten, dass man an einem bedeckten Tag auf 21-DIN-Film mit einer Blende 5.6 und einer 30stel-Sekunde ein durchgezeichnetes Negativ erhielt. Lange war es in Fotofachzeitschriften üblich, »Zeit und Blende« mit dem Bildmotiv zu nennen – erstaunlich insofern, als die Fotografen sich diese Daten dann hätten merken oder notieren müssen.

Die Kamera, die später Leica heißen würde, wurde 1913 oder 1914 von Oskar Barnack erfunden. Sie war ursprünglich für die Verwendung im Stummfilmstudio gedacht gewesen: Es wurde das Licht gesetzt, mit der Standkamera wurden »Belichtungsreihen« fotografiert und noch am selben Tag entwickelt. Also wusste man später am Set, wie man die Blende der Filmkamera einstellen musste, ohne mit dieser selbst Probestreifen filmen zu müssen. Das fotografische Negativ der Zukunft stellte – wahrscheinlich für bessere Sichtbarkeit mit bloßem Auge – in etwa die Verdoppelung des Stummfilmformats 18 × 24 mm dar; es kam nicht mehr als einzelnes, flaches Negativ, sondern gleich auf der Rolle; und es wurde in der Leica nicht vertikal belichtet – wie in der Filmkamera –, sondern quer. Der ganze Negativstreifen der Kleinbildkamera mit seinen 36 Belichtungen wirkte, auf die Schnelle betrachtet, durchaus »wie ein Film«, zumal dann, wenn ähnliche Ansichten in dichter Folge dargestellt wurden. Technisch betrachtet war also die Kleinbildsucherkamera ein Paradox, weil sie im Filmstudio als Belichtungsmesser hatte dienen sollen, selbst aber keinen hatte.

Die Nähe zum Film gehörte zum Gebrauch, zum Ruf und zum Mythos der Leica. Logisch, dass Fotografen mit Plattenkameras um 1900 im Verdacht standen, die Malerei überflüssig zu machen, und deshalb die Bildsprache der westlichen Malerei mit mehr oder weniger Geschick imitierten. Mit einem aufgerollten, biegsamen Film in der Kamera war es möglich, im Sekundentakt zu belichten, vielleicht noch ein bisschen schneller. Zusätzlich konnte man die Kamera vertikal halten, also Hochformate herstellen, was im Personenporträt oft so eingesetzt wurde: Kopf oder halbe Figur vor Landschaft (Querformat) oder eben ganze Figur (Hochformat), und dies in freier Wahl von einer Belichtung zur nächsten, hin und zurück. Die visuelle Welt hatte – zuerst durch die optimistischen Botschaften aus der frühen Sowjetunion – einen Schub erhalten. Man sah zu Pionieren auf und von Funktürmen herab. Die Leica war nur fünf Jahre am Markt, und schon verkündete der Titel eines Buches: »Es kommt der neue Fotograf«. In Stuttgart feierte eine Ausstellung das »foto-auge«.[74] Das Bauhaus hatte schon acht Jahre hinter sich, bevor man auf die Idee kam, das pädagogische Projekt – nun angekommen in Dessau – vom Studenten Erich Consemüller dokumentieren zu lassen. So entstanden die Bilder der jungen Leute auf dem Balkon des Gebäudes von Walter Gropius, in den Himmel gekippt, oder die legeren Schnappschüsse von Schülern und Meistern, auf dem Dach des Gebäudes zusammensitzend. Und selbstverständlich gab man Consemüller eine Leica.

Das, was Fotografen an Anmaßung aufgaben – die Nähe zum Tafelbild –, gewannen sie auf der anderen Seite dazu, nämlich im Narrativ. In dem Maß, wie man mit einer Leica dabei sein konnte, fühlte sich auch der Betrachter einer Fotografie ins Geschehen hineingezogen. Plötzlich gab es lachende Huren und ein Nahporträt von Gandhi; jemand sprang für immer über eine Pfütze; küssende Paare teilten ihr Glück über das Ende des Zweiten Weltkriegs.

Henri Cartier-Bresson war ein Meister der Leicafotografie. Seine urbanen Szenen waren noch verwurzelt im Genre und doch schon unterwegs in die Moderne; ein merkwürdiges Equilibrium von pedantischem Formempfinden und Empathie. Sein Fotobuch von 1952 hatte eine Grafik von Matisse auf dem Cover – eben kein Foto – und hieß in der englischen Fassung *The Decisive Moment*. Die Formulierung vom »entscheidenden Augenblick« hat sich tief verwurzelt in der populären Vorstellung dessen, was Kleinbildfotografie ausmache. Dieser Augenblick erfasst nicht die Absicht von Dokumentation und Propaganda, nicht die optimistische oder kollektive Seite des Neuen Fotografen, und auch nicht das Pessimistische und Melancholische, das sich kurz darauf mit Robert Franks *Les Américains* (1958), beziehungsweise *The Americans* (1959) als internationale Stimmung durchzusetzen begann. Auch der Kontext des »Films« (seiner 36 Aufnahmen) fand in der Formel vom Augenblick keinen Platz, also die Art, wie Leicafotografen in der entscheidenden Szene seriell dranblieben, um den Moment von vorn und von hinten einzukreisen. Es schien mit Cartier-Bresson so, als würde das Einzelbild genial aus dem sozialen Zusammenhang herausgeklaubt; in der Tat bezeichnet der französische Originaltitel, *Images à la Sauvette*, das Verfahren, zu Bildern zu kommen, als klandestin. Deshalb ist dieser Fotograf auch nur für einzelne Bilder bekannt und nicht für einen Kontext. Mit der Phrase vom »entscheidenden Augenblick« hat er im kollektiven Gedächtnis die Kleinbildfotografie auf Geistesgegenwart verkürzt und den Bruchteil der Sekunde, in der der Apparat auslöst, im großen Stil metaphorisiert.

In dieser Zeit, von der Mitte der fünfziger Jahre bis an ihr Ende, fand auch Will McBride seine ersten Sujets und seinen Stil. Er wurde aber nicht, wie viele Fotografen von Schweden über Deutschland bis Japan, von Cartier-Bresson eingeschworen auf die Formel oder von Frank verstrickt in das serielle Narrativ. Jedenfalls gibt es von ihm kein Zeugnis dieser Art. Will McBride hat später, als sein Werk schon ziemlich komplett war, manchmal gesagt, er könne nicht fotografieren, was er nicht fühle. Damit meinte er, dass er die Motivgründe seiner Figuren, ob beobachtet oder inszeniert, wollte nachempfinden können; oder eigentlich vorwegempfinden, sich zu eigen machen, bevor das Bild überhaupt entstand. Damit hatte er sich sogleich entfernt von der eleganten Pose Cartier-Bressons. Für ihn war die Leica mit ihrem kleinen Kamerakorpus, der Präzision ihrer Linse und dem fast unhörbaren Auslöser eine Art des Dabeiseins, ein kommunitärer Akt, in dem der Fotograf zwar seine Rolle hatte, aber nur in dem Sinne, wie alle anderen auch ihre Rollen hatten. Ihm war die Neuheit seines Ansatzes durchaus bewusst, und er klebte auch Entwürfe für eine fotografische Monographie über die »Clique«; aber Fleckhaus fing ihn ab und schob seine Bilderserien nach und nach ins Format von *twen*. Damit blieb Will McBrides einfühlsame und schwebende Leicafotografie ein deutsches Phänomen, aber in der Bundesrepublik erreichte sie ihr Publikum fast sofort. Die Verbindung mit der Firma Leitz, die sich daraus ergab, war natürlich hilfreich; nicht ganz so zwingend wie die Verbindung eines Rennfahrers mit einer Automarke, aber auch nicht so weit davon entfernt.

Illustrierte versus Fotobuch Fotografie gewann als Massenphänomen erst an Bedeutung, als sie zu drucken im Vergleich zum restlichen Aufwand kein Problem mehr darstellte. Sie hatte ihre große Zeit in den Zeitschriften der 1920er Jahre in Deutschland, der dreißiger bis fünziger Jahre in den USA; und nach dem Zweiten Weltkrieg auch wieder in Europa, mit Millionenauflagen bis in die achtziger Jahre. Die Zeitschriftenredaktionen der *Berliner Illustrierten Zeitung*, von *Life* und *Look*, von *Paris Match*, der *Quick* und dem *stern* entwarfen ein Bild der Welt, in dem fast alles Platz zu haben schien: Berühmtheiten, Politik, Skandale, Unterhaltungsliteratur, Cartoons und Kreuzworträtsel – eine Blattmischung, die sich an die ganze Nation und so ziemlich jede Familie wandte und damit erfolgreich war. Dabei spielten die Fotografen und ihre Agenturen eine wichtige Rolle, das heißt, sie mussten gut ausgestattet und fürstlich bezahlt werden, damit sie vor verschlossenen Türen warteten, bis sie aufgingen, und in fernen Ländern Dinge fotografierten, die sie selbst nur halbwegs verstanden; Metiers, Riten, Idyllen, Aufstände, Hungersnöte, Kriege. Die Illustrierten veränderten den Status von Fotografen und Fotografinnen – Margaret Bourke-

White brachte es zur Comic-Heldin – und kauften sie exklusiv ein. Ihre Namen waren, nicht anders als die der Textredakteure, im Impressum gelistet.

Auf diese Weise lernten Fotografen, dass es für ihr Handwerk ein breites Publikum gab, vorausgesetzt, sie waren bereit, sich wie Spielfiguren von mächtigen Chefredakteuren in der Welt herumschieben zu lassen.

So produzierte der Markt der Reporter jede Menge Aussteiger, die plötzlich lieber zu Hause blieben, ihre Erinnerungen schrieben, ihre Archive vermarkteten, Professuren abgriffen, Künstler wurden, Bücher machten. Bücher waren oft komplexe Reportagen, insofern sie Nationen vorstellten – Werner Bischofs *Japan*, Eve Arnolds *The Great British*, Emil Schulthess' *Sowjetunion*; oder Bücher über die großen Städte der Welt, New York, Rom, Paris, Moskau. Ein Buch war ein Lebenspolster, erlaubte lange Reisen, Einfluss in der Gestaltung, angemessenes Honorar – manchmal. Die Rede ist hier nicht von den vielen bunten Büchern über Länder und Städte, die Agenturfotos gefällig aufbereiteten, also Reiseführer im Coffee-table-Format. Es geht um die ersten, breitgestreuten Monographien, die auf individuellen Bildsprachen beruhten. Der Nachteil war jedoch, dass die Fotografen im populären Schema bleiben mussten. Sie zeigten das, was angeblich jeder sehen wollte, nur eben ein bisschen anders.

In der Mythologie der Fotografen bleibt Robert Franks *The Americans* das erste frei konzipierte »Fotobuch«. Tatsächlich gab es zwischen den Weltkriegen bereits fotografische Monographien von hoher Individualität: August Sanders *Antlitz der Zeit*; Karl Blossfeldts *Urformen der Kunst*, Germaine Krulls *Métal*. Eine fotografische Autorschaft, die vom Selbstbild als Künstler kaum noch zu trennen war, wurde zuerst in den USA sichtbar: Alfred Stieglitz, Imogen Cunningham, Edward Weston,

Walker Evans. Wer weiß, was in Europa geschehen wäre, wenn es Nazideutschland nicht gegeben hätte.

Parallel zur enormen Wirkung von Fotografien in Zeitschriften entdeckten junge Leute nach dem Krieg die Möglichkeiten des Bildmediums im Buch. Johan van der Keuken protokollierte eine selbstbewusste Boheme im Halbdunkel und publizierte *Wij zijn 17* im Jahr 1955 – er war tatsächlich siebzehn Jahre alt. Im Jahr darauf erschien das Buch seines soeben erwachsenen Landmanns Ed van der Elsken, *Liebe in St. Germain des Prés*, eine fiktive Geschichte mit lebensnahen Modellen, die das existenzialistische Lebensgefühl im Paris der Nachkriegszeit aufspießte, ja fast schon karikierte, in Bild und Text, ein internationaler Erfolg. Damit war ein fotografisches Subjekt auf den Plan getreten, wie man es zuvor nicht einmal hätte erahnen können. Es war Autor und Akteur zugleich; das fotografische Buch näherte sich in Erfahrung und Anspruch dem literarischen.

Bedauerlich, dass man bei *twen* zwar unter dem eigenen Namen Schallplatten verbreitete, aber sich niemals an Fotobüchern versuchte. McBrides erstes Buch unter eigenem Namen war *Adenauer, ein Porträt*, 1965, sein zweites *Zeig mal!*, 1974. *Foto-Tagebuch 1953-1961* von 1983 ist dann bereits retrospektiv, und dasselbe gilt für die Bücher, die folgten. Eine Ausnahme bildet *I, Will McBride* von 1998. Es ist zwar das Lebensresümee eines Mannes im Rentenalter, aber der Blick zurück ist eher ein Blick nach innen, eine Mischung von Confessio und J'accuse. *I* ist auf keinen Fall ein paradigmatisches Fotobuch, weil es auch die frühen Gemälde und späteren Skulpturen zeigt, so dass vierzig Jahre Fotografie wie ein Ausnahmezustand vorgeführt werden, etwas, das unvermeidlich war und doch ein Umweg, eine unfreiwillige Ablenkung von fundamentalen Zielen. Damit kann man sich erklären, warum Will McBride nicht als prägende Figur des Fotobuchs in Erscheinung getreten ist, als das Genre zur Disposition stand: Er war sich seiner Identität als fotografischer Autor, von Anfang an, nicht vollkommen sicher.

David und *Hair* David, fünfzehn Jahre alt, war für McBride »Jesus Christus von 1968«.[75] Die Lieder, die er vor sich hin sang, entstammten dem Musical *Hair*, das Off-Broadway in New York entstanden war und dann am Broadway selbst ein Skandalerfolg wurde. Gerade war die europäische Tournee in Vorbereitung, Stockholm zuerst und bald danach München. Es war ein Musical – es wurde von begabten Schauspielern gesungen, nicht von Opernstimmen – mit sehr vielen, zum Teil sehr kurzen Gesangsnummern. Diese waren zum großen Teil in Kirchentonarten geschrieben und wurden von Rhythmen getragen, die sich der junge Komponist, Galt MacDermot, bei einem längeren Aufenthalt in Südafrika abgelauscht hatte.

Erzählt wird die Geschichte einer Ménage-à-trois in New York vor dem Hintergrund der Einberufung junger Männer nach Vietnam. Die kleine Gruppe wächst durch viele weitere Rollen zu einer Kommune heran, die als Zeichen des Widerstands ihr eigenes langes Haar entdeckt hat und sich als *tribe*, also als Stamm, bezeichnet. Ein Drittel des Broadway-Casts war schwarz – der Ausdruck »afro-amerikanisch« war 1967/68 noch nicht üblich. Die Message des Musicals – es hat eine! – war die Aufhebung von Schranken aller Art. Am Ende des ersten Akts erschienen die Darsteller nackt, eine Szene, die zum Testfall sämtlicher europäischer Ensembles wurde. Die schwedischen Darsteller taten sich schwer mit dem Ausziehen, die dänischen fanden die Nacktchoreographie zu lahm. Sie bestanden darauf, Nacktbesuche im Zuschauerraum zu machen.[76]

Bertrand Castelli, unter den Produzenten in New York, hatte die Idee, das Musical in Nationalsprachen zu übersetzen, so dass *Hair* in Deutschland *Haare* hieß, und »Aquarius« wurde ein »Wassermann«. Mit der Nacktszene war der Skandal natürlich vorherzusehen. Tatsächlich fühlte sich das Münchner Jugendamt berufen, das Mindestalter für den Besuch der Show auf sechzehn Jahre festzusetzen (was später aufgehoben wurde). Daraus ergab sich ein Problem für den Schüler David Heinemann. Da er erst fünfzehn war – sein nächster Geburtstag erst im März 1969 –, konnte er wohl kaum auf der Bühne stehen. Insbesondere muss den Behörden der Text des Songs *Sodomy* missfallen haben, einer Entgrenzungshymne, die man ausgerechnet dem Schüler David gegeben hatte, bevor ihm auch nur Barthaare sprossen: »Sodomie, Fellatio, Cunnilingus, Päderastie …« Wer nach einem Indiz sucht, »dass man damals anders dachte« – hier ist es.

Die Angelegenheit Davids nahm McBride so ernst, dass er dem Münchner Jugendamt einen Brief schickte und zu erklären versuchte, dass die Maßnahme unsinnig sei und der Junge bald auf die Bühne solle zurückkehren dürfen. Die Antwort klang recht entspannt, aber die Behörde gab natürlich nicht nach. Bemerkenswert an McBrides Intervention war, dass er selbst keine Institution im Rücken hatte – er schrieb ja nicht im Namen des Produzenten –, also den Kampf allein aufnahm. Und der Vater war er schließlich auch nicht. David Heinemann, dem die Intervention McBrides völlig entgangen war, kann sich nun, nach vierzig Jahren, plötzlich erklären, warum er zum Jugendamt zitiert wurde. Dort zeigte man sich besorgt, er könne »in die Homosexualität abdriften«, eine Sorge, die er mühelos zerstreuen konnte.[77] Man muss im Auge behalten, dass das Zusammentreffen mit David, dessen Song die »Päderastie« im Katalog sexueller Befreiung listet, das letzte Jahr McBrides mit seiner Familie einläutete. Auch wenn er das noch nicht wusste.

Der Goldstandard des guten Musikgeschmacks war in *twen* 1968 immer noch der Jazz, allerdings auf der Höhe der Zeit, Miles Davis inklusive. Obwohl die Redaktion längst in München saß (und nicht mehr in Köln), gab es kein Feature über *Haare*, bis Will McBride es lieferte. Gedruckt wurde es im Februar 1969, eine lange Bild- und Textstrecke in Schwarzweiß,[78] offenbar angelehnt an die Choreographien der Inszenierung, aber vom Fotografen – jetzt mit Superweitwinkel – in Geheimnisse voller Spannung übersetzt. Auf einer Doppelseite liegen fünf Figuren am Boden, nebeneinander wie Sardinen; einer aber sitzt (es ist ein männlicher Schwarzer), das Profil nach oben gewandt, wie in Erwartung einer Offenbarung. Was ist das, ein Sleep-in im Garten Gethsemane? Die Darsteller sind nur insofern nicht eigentlich nackt, als eine halbtransparente amerikanische Fahne sie zudeckt. In der Bildmitte – das afrikanische Käppi scheint ihm vom Kopf gefallen zu sein, es liegt am unteren Bildrand wie die Sprechmuschel einer Souffleuse – David Heinemann.

Das bleibende David-Bild ist ein Bilderrätsel. Es zeigt ihn singend, mit US-Sternchenkappe, Hippiehemd, Kette, von leicht oben gesehen; rätselhafterweise ruhen seine Hände auf großen Füßen, die sich ihm – ein organisches Rednerpult – von unten entgegenschieben. Auf den allerersten Blick könnte man denken, diese Füße wären seine, die unglaubliche Verrenkung eines indischen Gurus. Aber es sind, erinnert sich David Heinemann im Dezember 2018, die Füße des Sängers und Schauspielers Reiner Schöne, der im *Hair*-Jahr 1968 aus der DDR in den Westen getürmt war.

Die Fotos waren gerahmt von kurzen Interviews, das erste mit David als Neuer Jesus; der Junge hatte zum Zeitpunkt des Erscheinens der Strecke in *twen* schon monatelang nicht mehr auf der Münchner Bühne gestanden. Von McBride aber wird er einfach wieder eingereiht, schlüpft mühelos in seine Rolle, wird wieder Teil des Stamms. In *twen* findet sich nur ein Extrakt des Interviews, das der Fotograf aufbewahrt haben muss, denn fast drei Jahrzehnte später, in *I, Will McBride*, kann man es nachlesen.

David beantwortet von den vielen Fragen McBrides nur jene, die ihm entgegenkommen. Im Musical gefällt ihm die Rolle von Woof, »wie der so stottert und alles andere, das ist mir schon so ähnlich«. Die Behörden haben ihm die Rolle weggenommen, das stimme, und er wolle wieder spielen, aber nicht wegen des Geldes. Vom Honorar habe er sich nicht »ein Motorrad« gekauft, wie McBride es auf Band spricht, sondern »ein Solex«, also das leichteste motorisierte Fahrrad (»MoFa«), das man bekommen konnte. Er weiß nicht, ob er Schauspieler werden will, aber »auf jeden Fall würde ich zur Bedingung stellen, daß ich in allen Rollen, die ich spiele, nicht meine Haare schneiden lassen muß«.

»Will: Bist du Hippie?

David: Ja, der Einstellung nach schon.

Will: Was heißt das überhaupt, ›hip‹ sein?

David: Ja also, erstens mal jede Gewalt verachten und jeden Krieg verachten und mehr versuchen, lieben zu können. Das heißt also, wenn jemand einen Nachbarn hat, und er mag den nicht, dann wird ein Hippie dem ein Stück Liebe bringen.

Will: Ja, aber der Nachbar mag den Hippie nicht. Allein von seinem Aussehen her.

David: Das macht dem Hippie nichts, ob der Nachbar ihn mag oder nicht. Aber der Hippie mag halt den Nachbarn.«

Will McBride adressiert den Jungen als Propheten, behandelt ihn aber gleichzeitig wie einen künftigen Superstar, dem die Welt zu Füßen liegen werde. So kommt es über »den Solex« zum Austausch über Fahrzeuge:

»Will: Na ja, dein Solex ist schick. Und wenn du noch ein bißchen mehr Geld verdienst, dann kaufst du dir einen Sportwagen.

David: Das weiß ich nicht. Ich glaub, ich will keinen Sportwagen, höchstens einen alten Ford, einen klapprigen.

Will: Sag mal, wenn du einen VW-Bus fährst, kannst du auch genauso einen 600er Mercedes fahren. Ich muß dir was zeigen: Siehst du da unten den weißen, den kleinen?

David: Ist das deiner?

Will: Ja, siehste.

David: Du bist eben kein richtiger Hippie.«[79]

David Heinemann, vor die Wahl gestellt, ein kommender Bühnenstar zu sein oder ein Prophet, bleibt vorsichtig, findet sich eher in der Rolle des Passionierten, für den Materielles keine Rolle spielt.

McBride jedenfalls verliebte sich erst in David und dann in *Hair*, und seine *twen*-Strecke vom Februar 1969 zeigte, dass er die Verbindung des Jungen zum Musical nicht aufgegeben, sondern im Gegenteil zur Prinzipienfrage menschlicher Freiheit überhaupt erhoben hatte. Dabei präsentierte er David wie ein Straßenkind höherer Bestimmung, das auserwählt sein sollte wie in einem anderen Teil dieser Welt der Dalai Lama. Tatsächlich hatte McBride David Heinemann bereits als Kind gekannt. Das behielt er 1969 für sich, und auch später, in seinem großen Lebensbericht, verriet er das nicht.

Donna Gaines, Donna Summer Sie war neu in München, neunzehn Jahre alt – »sowieso eher groß, aber sah noch größer aus auf den Plateauschuhen, die ich gerne trug, und obendrauf ein imposanter Afro im Angela-Davis-Stil. Falls jemand auffallen sollte, dann ganz gewiss ich«. Sie war im Ensemble von *Hair*, und insofern war die Richtung klar, diese Donna Gaines wollte Karriere machen. Sie bemerkte sogleich den Vorteil, in Deutschland allein durch ihr Aussehen als quasi persönlicher Repräsentant der Bürgerrechtsbewegung in den USA wahrgenommen zu werden und willkommen zu sein. »Während Angela Davis in Amerika übel beleumundet war, sah ich in ihr die schönste und eloquenteste Rednerin ihrer Zeit. In Deutschland galt sie als mutige, junge Heldin, als Folklore.«[80] Bevor ihr klar wurde, dass es nicht nur von Vorteil war, immer sichtbar und immer begehrenswert zu sein, nutzte die junge Sängerin die Gunst der Stunde. Ihre eigentliche Gabe war eine wohlklingende und extrem laute Stimme, kombiniert mit einem unfehlbaren Gehör. Sie hatte keinerlei formale Musikerziehung genossen, konnte keine Noten schreiben und spielte kein Instrument – sie war das klassische Mädchen aus der Gospelgemeinde. Allerdings hatte sie bereits einen Vertrag mit RCA geschlossen oder zumindest angeboten bekommen. Es fehlte nur noch das, was man damals eine Platte nannte.

Dreißig Jahre später erinnert sie sich, in München auch gemodelt zu haben, eine unverdiente Extravaganza, denn sie glaubte, »ein gewöhnliches Mädchen«[81] zu sein. Der Grund, dass sie das allererste Ticket in die Welt des Luxus und der Moden dennoch löste, lag darin, »dass ich mich eng mit Will McBride befreundet hatte. Damals war Will einer der Top-Modefotografen und arbeitete für eines der größten deutschen Modemagazine«,[82] wobei dessen Titel in ihrer Autobiographie unerwähnt bleibt. Fest steht, dass sie für McBride Modell saß, und zwar nackt – nämlich für *twen* und unter ihrem eigenen Namen. McBride fotografierte sie im Studio gegen einen hellen Hintergrund. Auf der ersten Doppelseite erscheint sie, stark verzeichnet, mit einem winzigen Gesicht, in dem Augen, Nase und Mund riesig erscheinen, unter einer Afroperücke, vor der sie ihre Arme und Hände verschränkt hat wie eine Ballerina. Nicht ihre Augen, sondern ihre Brüste scheinen den Betrachter anzuschauen. Auf der zweiten Doppelseite, näher an der Idee eines Pin-ups, kauert sie auf dem Boden (der weißen Hohlkehle im Studio); die S-Form der gotischen Madonna zusammengepresst auf Breitwandformat, die Figur wie schwebend in der Diagonalen eingeklinkt. Eine Andeutung von Po, ansonsten schamhaft. Die dritte Doppelseite nimmt das frontale Motiv der ersten wieder auf, nur dass das Modell jetzt von einem weißen Mann, dessen Kopf nicht im Bild ist, von hinten umfasst wird, ihre gefalteten Hände verborgen in seinen.[83]

Die Nacktbilder aus *twen* kommen in ihrer amerikanischen (und nie ins Deutsche übersetzten) Biographie nicht vor. Aber sie beschreibt McBrides Bildproduktion: »Will hat seine Figuren so auf Film gebannt, wie sie sich selbst in ihrem eigenen Kopf vorstellten. Er benutzte oft Techniken der Verzerrung, was mir wirklich gefiel. Wenn man viel mit den Händen herummachte, zeigte er sie im Vordergrund, machte sie also riesig im Foto, wie es dann herauskam.«[84]

Wie man das mit »Mädchen« so machte, lief es für die *twen*-Leser, Weihnachten 1969, unter ihrem Vornamen: Donna. Wer aber aufgepasst hatte, kannte sie bereits mit vollem Namen (aber ohne Bild) aus dem Aprilheft, für das die Redaktion zehn in Deutschland lebende Ausländer gefragt hatte, was sie denken oder tun würden, »Wenn ich ein junger Deutscher wäre«. Dort antwortete Donna Gaines:

»Mein Name würde Elke sein, und mein Geburtsort Berlin. Ich würde mich als Schauspielerin ausbilden lassen und Gesangsunterricht nehmen. In München.

Ich würde nicht bei Neckermann einkaufen oder eine Gewohnheit daraus machen, Faschingsfesten beizuwohnen, auf denen Männer Make-up und Kostümierung brauchen und trinken, um richtige Männer zu sein. Ich würde das Recht auf friedvollen Protest unterstützen, weil ich davon überzeugt bin, daß es die gesündeste Art einer Demonstration in einem demokratischen Land ist. Wenn ich einige, scheinbar unveränderliche Dinge verändern könnte, würde ich versuchen, ein paar Deutschen dieses ›überlegene Getue‹ zu nehmen, und ihnen eine Mitgliedskarte für das Menschentum, nicht aber für das Deutschtum zu geben. Ich würde es verweigern, die Schuld meines Vaters oder dessen Vaters zu tragen. Einige Menschen – sagen wir die Deutschen – haben Schuldkomplexe. Wenn es zu einem Krieg kommt, sind alle schuldig. Mein Vater war Soldat und tötete Menschen im Krieg. Ich schäme mich, nicht für ihn, aber für die Welt.

Ich würde glücklich sein, in einem so schönen Land leben zu können.«

Das schrieb sie also im Frühjahr 1969, mit zwanzig Jahren, oder die Redaktion gab in dieser Weise wieder, was sie gesagt hatte. Acht Monate später, als Nacktmodell, ist sie angeblich »noch lange nicht zwanzig. Noch ist ihr Gesicht ein kleiner, offener Raum, das wartet noch auf Konturen, das füllt sich kaum mit Mimik. Noch kommentiert sie ihre Worte mit den Händen. Ihre Hände skizzieren in der Luft, suchen nach Ausdruck, noch ohne ästhetische Absicht, die Hände einer Zwölfjährigen.«[85]

Tatsächlich wurde sie noch in der Laufzeit jener Dezemberausgabe, nämlich am 31., einundzwanzig Jahre alt. Ihr kompletter Geburtsname lautete LaDonna Adrian Gaines. Die Großmutter war, nach dem plötzlichen Tod ihres Mannes, aus Alabama ausgewandert; die Eltern der Mutter kamen aus dem kanadischen Nova Scotia, von der Atlantikküste, und hatten offenbar sowohl indianische als auch holländisch-irische Wurzeln, irgendwie »farbig« – die Mutter mit hellgrünen Augen.

Donna Gaines wuchs in Boston auf, erst im Sozialbauviertel, wo ihr jemand – sie war fünf oder sechs – mit einem Luftgewehr ein Loch in die Stirn schoss. Danach zog die Familie um in eine viktorianische Vorstadtvilla: unten Onkel und Tante mit Familie, darüber die Gaines-Familie mit vier Kindern; unter dem Dach die Großmutter aus Alabama mit zwei Cousinen. Von einem häuslichen Unfall, als Kind, war Donna eine sieben Zentimeter lange Narbe auf der rechten Wange geblieben. Mit siebzehn wurde sie zur Zeugin eines Überfalls mit Todesfolge, was sie ins Fadenkreuz einer Gang brachte. Mit neunzehn verschaffte sie sich mit Hilfe einer Injektion eine Abtreibung, die beinahe tödlich ausging. Das erstaunlichste Bekenntnis ihrer Autobiographie: Sie war Bettnässerin, bis sie sechzehn war, immer wieder bestraft vom Vater – ans rettende Ufer gebracht von einem Psychiater. Gleich im Anschluss gelingen die ersten Schritte in ihre mehr als ungewöhnliche Karriere, in der obsessive Liebesbeziehungen eine gewisse Rolle spielen, allerdings eher hinderlich als förderlich waren.

Die Zeitschrift *twen* erkannte ihre Besonderheit, wenn auch entlang des Klischees. 1971 dichtgemacht, sollte sie nicht mehr berichten können, wie die Karriere von Donna Gaines abheben würde. Sie hatte einen strohblonden, schmalen österreichischen Sänger- und Tänzerkollegen namens Helmuth Sommer geheiratet und mit ihm die Tochter Mimi bekommen (die bis heute Mimi Sommer heißt). Sie geriet an einen ehrgeizigen italienischen Produzenten, Giorgio Moroder, der in München ein Tonstudio betrieb – unter seinen Händen entstand ein gewaltiges Archiv populärer Musik. Dort besang sie, zunächst nur zu »Demo«-Zwecken, seine Magnettonbänder. Schließlich entstand der Disco-

Song *Love to Love You Baby*, erst in einer Singleversion und dann als fast 17-minütiger Soundtrack für die volle Länge einer LP-Seite, ein erst nach Mitternacht von amerikanischen Radios ausgestrahlter funky Stöhner. Sie sollte einer der erfolgreichsten Popstars jemals werden, nicht als Autorin von Songs, sondern als Medium von Sounds, die bis in jede Ritze drangen.

In ihrem Statement – wenn sie eine junge Deutsche wäre – erwähnt sie ihren Vater in der Rolle des tötenden Soldaten, aber sie spricht nicht aus, dass er ein Teilnehmer des Zweiten Weltkriegs in Europa gewesen war. Das heißt, die Menschen, die er töten musste, waren Deutsche, und er war Soldat in einer segregierten Armee, der vaterlose Junge aus den Südstaaten, wenn man ihn in seiner Geschichte sieht. McBride ist nun Repräsentant derselben Armee, mit der er sich durchaus identifizierte; noch um 1970 herum, als Oswald Baumeister sein Assistent wurde, rechtfertigte er den Krieg in Vietnam. Donna schreibt in ihrem Statement für *twen*: »Wenn es zu einem Krieg kommt, sind alle schuldig«, was universell formuliert ist, aber gewiss nicht das Gleiche meint, wenn man im Frühjahr 1969 nach Vietnam schaute oder aber zurück auf den Krieg, aus dem die Deutschen mit einem »Schuldkomplex« hervorgegangen seien.

Will McBride, in seiner Antwort auf dieselbe Umfrage von *twen*, stellt sich vor, er wäre ein vaterloser Junge, »gegen jede Autorität in meinem Land«, ein Rebell, der nicht auf Deutschland schaut, sondern auf die Probleme der ganzen Welt – um schließlich bedauernd einzulenken: »Aber ich muss weiter ich sein. Vielleicht möchte ein anderer an meiner Stelle dieser junge Deutsche sein.«[86]

Das Attraktivste an den jungen Deutschen bleibt für McBride die Biographie als Trümmerkind, die fast unzumutbare Herausforderung, sich auf verbrannter Erde neu erfinden zu müssen.

Fasziniert beobachtete er an David Heinemann, wie die Transformation der Gesellschaft einen neuen Typus von jungem Mann hervorbrachte. Das weckte in ihm paradoxe Gefühle. Er wollte zugleich der vaterlose Junge sein und der Vater dieses Jungen. McBride begriff durchaus, dass seine geliehene deutsche Existenz auf unvereinbaren Wünschen beruhte; und gerade darin authentisch war.

Auch Donna Gaines stammte aus dem puritanischen Amerika. Das muss man sich einmal vorstellen, Herbst 1968 in München, das internationale Ensemble von *Hair*, Schwarze und Weiße, alle splitternackt am Ende der ersten Szene (einmal oder zweimal, bevor die Ämter einschreiten); auf der Bühne sowohl Donna Gaines als auch David Heinemann.

Was die Ankunft in Deutschland betraf, trennten Will McBride und Donna Gaines fünfzehn Jahre, aber in einem ähnelten sich ihre Erfahrungen: Sie wählten eine Existenz in Deutschland, weil sie an ihre Zukunft in den USA nicht mehr glaubten. Sie empfanden sich in Amerika als Außenseiter. München 1968 war international, kreativ, links, lüstern und in fast jedem Sinne angesagt. Jedenfalls von Schwabing aus gesehen. Die Straße als Laufsteg. Die Bühne als Instrument der Revolte. »New friends, new country, new show, new *everything*.«[87] Die Situation war soeben erst entstanden, die junge Performerin kostete sie voll aus. Beglotzt, begehrt, bewundert zu werden, nur weil man schwarz ist? Ihre black beauty brachte ihr das, was fünfzehn Jahre zuvor für McBride bedeutet hatte, ein Ex-GI zu sein: den ungeheuren Vorteil einer positiven Projektion.

Donna Gaines singt und tanzt in allen gängigen Musicals, in Berlin, Hamburg, Düsseldorf und Wien. In ihrem vierten Jahr begegnet sie im Deutschen Museum in München Josephine Baker, die sich backstage von ihr bis in die Garderobe begleiten lässt. Gaines, zurückschauend, sah das so: »Es war, als hätte sie den Stab an mich übergeben.«[88]

McBride, trotz gewisser Enttäuschungen, bleibt in Deutschland; einige Zeit auch in der Toskana. Das Resümee aller seiner europäischen Freiheiten allerdings, *Zeig Mal!*, erscheint 1975 bei der St. Martin's Press in New York als *Show Me!* und wird ein Skandalerfolg. Es ist dasselbe Jahr, in dem *Love to Love You Baby* in den USA herauskommt und durchbricht in die Charts. So unterschiedlich Metier und Botschaft – Giftpfeile beides in das puritanische Milieu der Herkunft.

Donna Sommer packt in München ihre Sachen, nimmt Mimi mit – denn die Rückkehr ist definitiv –, wird von der kalifornischen Plattenfirma Casablanca pseudonymisiert als Summer und geht auf eine umfassende US-Tournee als Sexgöttin des Disco-Soul. Sie hat nie – anders als ihr Alter Ego »Elke« aus Berlin – eine Akademie von innen gesehen. Sie ist sechsundzwanzig Jahre alt.

Amerika McBrides Verbindung mit der westdeutschen Gesellschaft war intensiv, zwingend, manchmal tief und manchmal verzehrend. Er wusste schon, was er an Deutschland hatte, als jemand, der von sich selbst sagte, dass er die Anfänge liebe. Er sah zu, und er steuerte etwas Entscheidendes bei – aber was er mitbrachte, war zutiefst amerikanisch. So wurde er auch wahrgenommen, von Barbaras Familie, von der Clique in Berlin, von Konrad Adenauer und von Willy Fleckhaus.

Als Will geboren wurde, 1931, gab es die klassischen, strengen Puritaner nur noch in den Siedlungen der Amish, der Mormonen und in den Gemeinden der Quäker. Im restlichen Amerika war der Puritanismus jedoch nicht gegen null geschrumpft. Er hatte sich im neunzehnten Jahrhundert, noch vor dem Bürgerkrieg, in etwas – zumindest halbwegs – Weltliches transformiert. Die Gründung der Nation, 1776, war dafür Voraussetzung gewesen, denn das Menschenbild eines alles erklärenden Glaubens wurde abgelöst durch die Verherrlichung von »Natur«; und diese Natur wurde ein patriotisches Projekt, das bis in den »Wilden Westen« reichte. Allerdings lag dieser für die Gründer der Nation noch vor der Haustür. Jenseits der europäischen Einflüsse, die noch lange den Bildungsstandard vorgaben, entfalteten sich eine nordamerikanische Philosophie und Poetik, die irgendwie zusammengehörten, sich ergänzten. Gesucht wurde ein neues Bild des Menschen, und die Suche gestaltete sich gerade deshalb so schwierig, weil es eine Paradoxie darstellt, etwas Neues herzuleiten. Bei Emerson und Thoreau haben wir es noch mit dem Ideal des wackeren Pioniers zu tun; bei Walt Whitman war daraus, in all seiner unwiderlegbaren Pracht, ein echter Amerikaner geworden. Das heißt, aus dem Selbstportrait des Pioniers wuchs das Bild eines Neuen Menschen; und dieser war, per Bestimmung, ein amerikanischer Patriot.

Walt Whitman wurde früh, fast noch ein Kind, zum Arbeiten in eine Druckerei geschickt. So lernte er, genau zu lesen; seine Bildung war die eines Autodidakten. Die frühe Erziehung im Druckerhandwerk teilte er mit einem Vorläufer im Forschen und Denken, Benjamin Franklin. Auch Thoreaus Bericht vom Eremitendasein in einer Hütte, *Walden*, handelt von der Erschließung der Landschaft, ihrer Besiedlung, vom Aufgeben der Besiedlung, vom Ackerbau, von der Ernährung, und enthält penible Listen seiner solitären Hauswirtschaft. So liegen in den Fragen der amerikanischen Philosophie die Natur, der Ertrag, der Haushalt und der Sinn eines Menschenlebens nah beieinander. Die materiale (nicht materielle) Wurzel ist ihr Markenzeichen.[89]

Diese Vision des amerikanischen Menschen wurde mitgenommen ins zwanzigste Jahrhundert. Gleich im zweiten Jahrzehnt musste der amerikanische Soldat Europa vor sich selbst retten. Im dritten Jahrzehnt wurde die weltliche Variante durchprobiert, aber puritanisch unterfüttert durch die Prohibition des Alkohols. Im vierten Jahrzehnt, während der Depression – Will McBride als Kind in Chicago –, wurde der Patriot auf seine Funktion in der Solidargemeinschaft gründlich geprüft. Mitte des fünften Jahrzehnts standen die amerikanischen Helden, gut genährt, Schaubilder der Whitman'schen Männerdichtung, im westlichen Europa wie die Zukunft von allem und jedem. Ein paar Jahre später kam Will McBride mit genau dieser Armee nach Deutschland.

Der Bürgerkrieg – oder Sezessionskrieg – und die Folgen trübten natürlich das Bild der Pilgrims oder Yankees als lebenstüchtige Helden und mutige Bannerträger der Vereinigten Staaten. Noch heute sprechen zig Millionen von Schülern vor dem Schulbeginn die Verpflichtung zur Treue an die Flagge »and to the Republic for which it stands«, mit der rechten Hand auf dem Herzen links, »one Nation under God, indivisible, with liberty and justice for all«. Die Versuche, eine eigene Kultur der Vereinigten Staaten zu definieren und voranzutreiben, gingen jedoch weiter, nachdem die Besiedlung des Westens vollendet, Texas Mexiko entrissen, Oklahoma den eingeborenen Stämmen buchstäblich geraubt, Alaska von Russland gekauft und als letzter Staat Hawaii mit dem fünfzigsten Stern auf der Flagge eingereiht worden war, 1959. Dass Rosa Parks im Bus nicht für einen Weißen aufstehen musste, hatte der (gänzlich weiß besetzte) Supreme Court bereits 1956 entschieden; der quälende Eintritt einer Schülerin namens Ruby in eine »weiße« Grundschule in New Orleans sollte ab 1960 Schlagzeilen machen. Die – erkämpfte, ertrotzte, erzwungene – Einsicht in die Notwendigkeiten der Menschlichkeit relativierten natürlich auch das Selbstbild vieler weißer Patrioten. Schon seit dem Anfang des zwanzigsten Jahrhunderts begannen die USA, sich als *melting pot* zu begreifen, als multikulturelle Gesellschaft, wobei »multikulti« im Amerikanischen nicht gebräuchlich ist.

In den 1950er Jahren begann ein ehemaliger Kunststudent, Schriftsteller, Offizier im Zweiten Weltkrieg, von Santa Fe aus über die amerikanische Kultur nachzudenken. John Brinckerhoff Jackson beschrieb treffend das Ideal der kreisrunden europäischen Stadt mit einem Platz in der Mitte und hielt dagegen, dass die eigentlich amerikanischen Städte wilde Gründungen seien, deren Zentrum keinesfalls notwendig die Mitte. Er beschrieb die Besiedlung des Südwestens von den Lehmhäusern der Ureinwohner – *Adobe houses* – bis zu den kommerziellen Zeilen entlang der großen Avenues durch die Vorstädte, und das Ergebnis einer gewissen rohen Praxis des Siedelns, das Improvisieren im durchmotorisierten Alltag, verteidigte er als *vernacular landscape*, als rohen, aber lebhaften Entwurf, dem Verschönerung und Feinschliff zutiefst fremd waren.

Er fand Unterstützung bei den Architekten Robert Venturi und Denise Scott Brown, die fotografisch die aufdringliche, »falsche« Kommerzialität von Las Vegas dokumentierten, um mit dem Resultat ihre modernen Kollegen zu schocken. Sie behaupteten, Architekten sollten »von Las Vegas lernen«. Und bald legte Tom Wolfe nach, der jede Sorte organisierter Wohnanlage für aus Europa importierten Sozialismus hielt: gänzlich unamerikanisch.[90]

Wer als Amerikaner seine Landsleute beeindrucken will, präsentiert ein noch wenig beachtetes Motiv, das vom verblüfften Publikum als patriotisches erkannt wird. Dazu gehören die gesunden, kraftvollen Körper amerikanischer Männer und Frauen bei Whitman; der Ford als Auto für jedermann; der Drive-in; das Musical; die Vorabendserie; der Stahlwolleschwamm zum Abwaschen. Dieser, nach seiner Glanzwirkung »Brillo« genannt, hatte mit dem Siegeszug des Geschirrspülers seine ganz große Zeit soeben hinter sich, als Andy Warhol die Vorratspackung in New York in einer größeren Auflage in Holz nachbilden und stückweise – als Kunstwerk – verkaufen ließ. Die bald so genannte Pop-Art folgte präzise dem Shifter, der die zu feinen europäischen Einflüsse gegenüber dem amerikanischen Eigenbau absetzt. Das Amerikanische ist demnach einfach, gut gemacht, massenhaft vorhanden und leicht zu begreifen. Und gewiss, schon bald fand der ästhetische Freischärler des siebten Jahrzehnts, Andy Warhol, sich als Gast in Will McBrides Studio in der Münchner Maximilianstraße ein.

Will McBride war gewiss ein komplexer Mensch, als Fotograf aber geprägt von der amerikanischen Formel. Sein Blick auf den Menschen war vital; historische Herleitungen interessierten ihn wenig; seine Sympathie gehörte der Gemeinschaft; seine Poesie grenzte an den Gesang. Kein Medium war zu groß, um die frohe Botschaft zu verbreiten. Er war anti-elitaristisch, forsch, fordernd und gefühlsgesteuert. Im Herzen trug er immer noch die Suche Whitmans nach dem Neuen Menschen; mit *Zeig Mal!* lag die Antwort zum Greifen nah. Seine Religion der Gemeinschaftlichkeit war zentriert um das Motiv der Sexualität. Er wollte sie nicht entzaubern, sondern entdämonisieren.

## Von Grosse Pointe zu Norman Rockwell

Will McBrides Eltern gehörten zur Generation Norman Rockwells, des großen amerikanischen Illustrators. Sie waren ein eher gewöhnliches Paar der Mittelklasse im Mittleren Westen, auf dem aufsteigenden Ast. Die Highschool besuchte Will in Grosse Pointe, einem geleckten Vorort von Detroit. Auf seinen ersten Fotos, aufgenommen auf der Straße, sieht man stolze Häuser, noch stolzere Automobile und junge Männer mit kurzen Haaren und weißen Hosen. Der Normativität dieses Milieus musste er entkommen, so viel war klar. Seiner Begabung entsprechend, wollte er Malerei studieren, aber seine Eltern überredeten ihn, es beim Studium der amerikanischen Literatur zu belassen. So kam er an die Universität von Vermont in Burlington, wo er den Gastauftritt Rockwells nutzte, um ihm Zeichnungen zu zeigen, mit der bemerkenswerten Folge, dass Rockwell ihn einlud, am Ende des Studienjahres zu ihm zu ziehen und von ihm zu lernen. Rockwell wohnte gut hundert Meilen südlich von Burlington in West Arlington. In einem früheren Schulhaus wurden vier Schüler untergebracht, einer davon Jerry (eigentlich Jarvis), Rockwells ältester Sohn, ein Jahr jünger als Will. So fand sich also McBride im Sommer 1950, mit neunzehn Jahren, in einer Künstlercommunity wieder, in einer gewissenhaften Ausbildung in naturalistischer Darstellung, ganz und gar gegen den Trend des beginnenden Jahrzehnts – den abstrakten Expressionismus.

Rockwell, 56 Jahre alt, hatte bereits eine glänzende Karriere hinter sich und war immer noch als Titelillustrator für die *Saturday Evening Post* voll im Geschäft. Schon als Kind hatte er von seiner Bestimmung gewusst, nicht nur Illustrator zu werden, sondern ein berühmter, und schon mit zwanzig Jahren war er aufgegangen in der Profession. Seine Illustrationen, vorbereitet in gestellten Fotografien und Zeichnungen, waren meistens Gemälde, die er komplett zur Repro einlieferte, satte Genreszenen, Amerikana, komisch gebrochen, erstklassig gebaut, von atemberaubender Eleganz in der Darstellung menschlicher Körper, ruhend und in Bewegung. Ein Frühwerk zeigt drei halbnackte

Jungen und einen Hund, die in vollem Tempo flüchtend gerade ein Schild passieren, auf dem »No swimming« von Hand geschrieben ist (sie sind beim Baden erwischt worden). Rockwell war ein Chronist der amerikanischen Provinz, die er glanzvoll stilisierte und mit heiligem Ernst auf die Schippe nahm. Durch den Ersten Weltkrieg, die Depression, den Zweiten Weltkrieg und bis in die Nachkriegszeit, die für ihn mit der Ermordung John F. Kennedys endete – danach wurde er sich urplötzlich des Problems zwischen Schwarz und Weiß in den Südstaaten bewusst –, sah Rockwell die Vereinigten Staaten so, wie sie aus der weißen Mittelklasse heraus gesehen wurden, als großen Zusammenhang tüchtiger Bürger, die voller Liebe und Stolz gegen mehr oder weniger kleine Ungeschicke kämpfen.[91]

Er wurde ein geliebter Illustrator des Volkes, wie Hokusai, Hogarth, Zille oder Carl Larsson, mit einer malerischen Technik und kompositorischen Raffinesse, die Ingres in nichts nachstand und den Fotorealisten manches voraushatte, vor allem den zeitlichen Vorsprung um mehrere Jahrzehnte, der dann schmaler wurde, und plötzlich war er fast einer von ihnen. Weil er seine Bilder nach lebenden Modellen aus der Nachbarschaft gestaltete, immer wieder und wieder, kamen sie den Betrachtern bald bekannt vor; in Rockwells Bildern erkannten sich die Amerikaner als Familie. Deshalb war es schicksalhaft, dass McBride hineingebeten wurde in den innersten Kreis der Familie Rockwell, gewissermaßen die exemplarische Familie seiner Nation. »Eine ganze Zeit lang liebte ich ihn sogar mehr als meinen Vater«, notierte McBride mehr als vierzig Jahre später. »Er war eine wundervolle Person, voller Wärme und Humor, und mit einem tiefen Verständnis für die menschliche Seele. Er hatte eine schöne und liebevolle Frau, Mary, und außerdem drei nette Söhne, Jerry, Tommy und Peter. Wenn wir einen ganzen Tag lang hart gearbeitet hatten, trafen wir uns am Tennisplatz neben Normans Studio und spielten, bis es dunkel war. Manchmal saßen wir auch in der Küche seines Farmhauses zusammen oder auch in seinem und Marys Schlafzimmer. Der Sommer 1950 in West Arlington, Vermont, war der schönste überhaupt.«[92] Während der Lebensbericht McBrides sonst immer den Stachel im Fleische, die Bedrängnis der Seele benennt, gleicht die Zeit bei Rockwell einem Aufenthalt in einem von dessen Gemälden. Zwölf Jahre später, die McBrides zu Besuch bei der Familie Poth in Frankfurt, baut der Fotograf im Wohnzimmer der Gastgeber eine Genreszene mit acht Personen auf, vier Erwachsene und vier Kinder. Eine hochmoderne Doppelfamilie im weißen Setting der Moderne. Die Fotografie – aus dem Nachlass – stellt eine Hommage an die Idyllen Rockwells dar, mit McBride oben links im Bild als tätiger Fotograf. Das sichtbare Bild ist offenbar über einen Fernauslöser gemacht. Das hatte er beim Meister Rockwell gelernt: Die Idylle wirkt glaubhafter, wenn man sie ironisch verfremdet.

Norman Rockwell schätzte die Aufmerksamkeit des jungen McBride für die Anatomie der Gleichaltrigen. Mit zwanzig Jahren hatte sich Rockwell im ausgedienten Filmatelier Frederic Remingtons eingerichtet, das er mit dem Comiczeichner Clyde Forsythe teilte. Dieser hatte bald erkannt, dass Rockwell in einem bestimmten Sujet des neunzehnten Jahrhunderts nicht brillieren konnte: »Du kannst keine schöne, verführerische Frau malen … Gib's auf.«[93] McBride beobachtete an der Kunst des Meisters:

»Außer der Körpersprache, der Gestik, dem Raum und den Ausdrücken in ihren Gesichtern konnte er auch den gesamten Jungenkörper anatomisch perfekt malen. Das sah jeder. Er malte Arme und Hände, Gesichter und Beine, und hier vor allem die Knie und Oberschenkel zwischen dem unteren Ende der kurzen Hosen und den langen Wollsocken.«[94] Ein halbes Jahrhundert lang hatte Rockwell Illustrationen für den Kalender der Boy Scouts of America geliefert.

Um die Begegnung McBrides mit Rockwell einschätzen zu können, muss man wissen, dass der Illustrator nicht engstirnig und nicht konservativ war, jedenfalls nicht, wenn man seine Positionierung in den sechziger Jahren betrachtet. Kurz nach dem Mord an Präsident Kennedy kündigte nämlich Rockwell bei der *Saturday Evening Post* und unterschrieb einen Vertrag bei *Look*. Dort zeigte seine erste Illustration ein schwarzes Mädchen auf dem Weg zur Schule – Hefte, Lineal, Stifte dabei –, begleitet von vier Beamten des Justizministeriums (jeder ein Deputy U.S. Marshall), die, ganz der Kinderperspektive geschuldet, nur bis zur dekorierten Brust zu sehen waren. Jemand hatte eine Tomate nach dem Kind geworfen, die an der Mauer des Gebäudes dahinter zerplatzt war, die Signalfarbe Rot. Rockwell illustrierte – imaginierte – auch später die Ku-Klux-Klan-Morde an Bürgerrechtlern in Mississippi. Seine Karriere als Illustrator der weißen Suburbia war also ein Kompromiss gewesen oder, anders gesagt, ein patriotisch geprägtes Bildermärchen, an dem Rockwell so lange festhielt, wie der gesellschaftliche Status seiner Genrekunst unangefochten blieb. Als ihm klar wurde, dass die Rezeption seiner Bilder auf einer Verengung des Blicks beruhte, die bereits überholt worden war von der Wirklichkeit – auch durch die Kriege in Korea und Vietnam –, beendete er selbst die Ära, die er entscheidend geprägt hatte.

Wenn Zeitgeschichte als Trendgeschichte geschrieben wird, ist immer die Rede vom Erfolg der abstrakten Expressionisten, allen voran der Maler Jackson Pollock, und davon, wie eine ganze Generation auf diesen Pfad gezwungen worden sei, jedenfalls in den Colleges der USA. Tatsächlich hat es in den USA immer erfolgreiche figürliche Künstler gegeben: Andrew Wyeth, Edward Hopper, Georgia O'Keeffe, Chuck Close, Alex Katz, Wayne Thiebaud und David Hockney, ein Engländer in Kalifornien. Ob sich Leutnant McBride, stationiert in Würzburg, dort Tiepolos Deckenfresko in der Residenz angesehen hat? Als er in Worpswede anlandete, waren die Künstler der Galerie *Die Insel*, in die er quasi einheiratete, jedenfalls alle figürlich, und die Hamburger Besucher – Janssen, Fuchs, Wunderlich – hätten einen weiteren Maler und Kupferstecher gewiss in ihren Kreis aufgenommen. Gar nicht zu reden von West-Berlin, dessen Kunst in den sechziger und siebziger Jahren von Realisten, die sich auch so nannten, dominiert wurde. Dort angekommen, sah McBride eine Ausstellung von Käthe Kollwitz, die ihn zutiefst beeindruckte. Insofern zählt er Mitte der fünfziger Jahre, aus dem Militär entlassen, auf keinen Fall zu jenen Künstlern, die dem Druck, sich für Abstraktion und gegen Figürlichkeit entscheiden zu müssen, nicht standgehalten hätten und deshalb letztlich aufgaben.

Es mag eher so sein, dass McBride die Begrenztheit seines malerischen Talents geahnt haben muss in dem Moment, in dem ihm wichtige Fotos gelangen. Es war aber damals schon nicht mehr möglich, an den Ruf der »Künstlerfotografen« um 1900 anzuschließen. Fotografie galt jetzt als ein modernes Handwerk, und dass sie keine Kunst sein wollte oder sollte, sicherte ihr einen breiten Zugang zu den Medien der Zeit, deren Aufgabe es war, Bericht zu erstatten, Identifikation zu erzeugen, zu erschrecken, zu verblüffen und zu amüsieren. Zählt man das Verpackungsdesign und die Plakatwerbung dazu, fielen erhebliche Marktanteile an die Fotografie, die vor 1950 Zeichnern und Aquarellisten gehört hatten – selbst ein Standard wie der pausbäckige Allerweltsjunge auf der Zwiebackpackung von Brandt wurde irgendwann gegen ein Fotoportrait getauscht. Insofern war der Fotograf Ersatz für den Zeichner, dessen Verlängerung oder Transformation. Gesellschaftlich bedeutete das, vernetzt zu sein, gut bezahlt zu werden, seinen Namen gedruckt zu sehen, all die Privilegien, die ein Norman Rockwell auch in Anspruch genommen hatte im Tausch für den Umstand, in der Welt der Kunst nicht als Künstler zu gelten. Von den üblichen Ehrungen durch Museen blieb er lange ausgeschlossen, und als sie kamen, glaubte er nicht daran; ein vom Volk geliebter Paria des Kunstbetriebs.

Bei allem Bedauern, das McBride später geäußert hat – dass er die Kunst hatte sausen lassen –, war sein Lebensweg als Fotograf gedeckt durch sein Vorbild Norman Rockwell. Zu den wichtigsten Lehren des Illustrators gehörte: Man muss ein Motiv beobachten, verdichten und inszenieren; die Wirkung muss schlagend sein, die Arbeit abgeschlossen werden; Termine sind dringend einzuhalten. In Bezug auf eine Aufgabe Rockwells – einen Boxkampf darzustellen – berichtet McBride: »Wie immer hatte ich große Schwierigkeiten damit, meine Arbeit bis zum Ende durchzuführen – ehrlich gesagt, habe ich das nie getan.«[95] Unvollendet aber blieben nur seine frühen Gemälde und auch einige seiner späten Skulpturen, während Will McBride als Fotograf – und auch als Textautor – sehr wohl lieferte, von den Reportagen für *Quick* über die Lifestyle-Geschichten für *twen* bis zu *Zeig Mal!* für den Peter Hammer Verlag; und sein autobiographisches Scrapbook *I, Will McBride* für die Könemann Verlagsgesellschaft. Seit den fünfziger Jahren machte er Bücher-Dummys, also Entwürfe, und musste lange im Geschäft bleiben, bis einige davon realisiert wurden. Seine Energie als fotografischer Autor war doch beträchtlich.

Einen wunderlichen Zug bekommt seine frühe Begegnung mit Norman Rockwell nur, wenn man bedenkt, wie spät McBride zu adoleszenten Jungen als Modellen zurückkehren würde – die zur Zeit der Begegnung mit Rockwell seine Altersgenossen gewesen waren. In seinem Bekenntnis stellte er heraus, dass er in diesen Jungen etwas suche, was er selber gewesen war. So kehrte er zwar motivisch – und in seiner eigenen Vorstellung als bildender Künstler – zu seinen Wurzeln zurück, aber segelte voll im Wind der Zeit: Was Norman Rockwell wunderbar in seiner Illustration sublimiert hatte – seine Neigung zum liebenswerten Rabauken –, wurde nun bei McBride am Lieblingsmodell Uli ausagiert als Suche nach einem »ehrlichen Kern« in der Sexualität. Es ist gar nicht so leicht zu sagen, was McBride mehr liebte, den Jungen oder den Umstand, sich in ihm als Künstler gefunden zu haben.

Auf jeden Fall blieb McBride erfolgreicher im Illustrieren als in der akademischen Kunst, die er nach wie vor für das Eigentliche hielt. McBride dachte, zumindest eine Weile lang, er fotografiere nur Vorlagen, also Illustrationen für einen eigenen, künstlerischen Zweck. Dann aber entstand doch ein eigenständiges fotografisches Werk um Uli Hager, dessen großes Talent als Modell darin bestand – unter Anleitung –, seelische Verrenkungen als körperliche darzustellen.[96]

Whitmans Knabe Will McBride war froh unter Soldaten, in exaltierter Stimmung in der Clique, stilsicher als romantischer Verehrer und im ganz konventionellen Sinn ein tüchtiger Vater; ein Vater dreier Söhne, wie Norman Rockwell auch. Er war 38 Jahre alt, als seine Ehe abrupt endete, und wie jenem lief auch ihm die Ehefrau davon. Mit dem Scheitern des Münchner Studios wechselte er nach Hamburg, um in der Medienstadt mit seiner Leica noch einmal von vorn zu beginnen, und verliebte sich in einen achtzehnjährigen Herumtreiber, den er eng an sich band.

Später, mit Mitte fünfzig, schrieb er in einem Buch, das er *Boys* nannte: »Wenn ein Junge meinen Weg kreuzt, bleibe ich stehen, all meine Aufmerksamkeit ist auf das gerichtet, was er tut. Ich schaue und schaue, nach Lebenszeichen suchend, und werde nie enttäuscht, denn das Leben zeigt sich nirgends offensichtlicher als in einem Jungen. Der Junge macht mich verrückt, weil ich nicht mehr so bin wie er. Das Leben hat Gewalt über mich, über den Jungen in mir, und macht ihn alt und kraftlos.«[97]

Die Äußerung über die Begegnung mit dem Jungen könnte man spiegeln in seiner Selbstaussage, dass er die Anfänge liebe. Der Junge, in dem sich »das Leben zeigt«, erscheint nicht mehr als Individuum – mit Stärken und Schwächen –, sondern als Universalie. Er ist ein Auserwählter wie Jesus Christus, mit dem McBride David Heinemann 1969 ja tatsächlich vergleicht.

McBrides Junge hatte einen Vorläufer bei Walt Whitman. In dessen großer Gedichtsammlung *Grasblätter* (*Leaves of Grass*) findet sich ein Gedicht, das so beginnt: »Es gab einen Knaben, der jeden Tag ins Freie lief,/ Und der erste Gegenstand, den er anschaute, dieser Gegenstand wurde er.«[98] Die Universalität des Knaben ist also eine Begabung, und diese Begabung ist eine der Wahrnehmung. Bald wird klar, dass es nicht nur der erste und der zweite Gegenstand sind, die der Knabe sich anverwandelt: »Und die Märzlämmer und die hellrosa Ferkel der Sau, und das Füllen der Stute und das Kalb der Kuh« – also alles, was lebt und wächst, wie er selbst. Sein Blick nimmt nicht nur die Dinge auf, sondern auch die Menschen werden »Teil von ihm«. Früh im Gedicht macht Whitman deutlich, dass es sich nicht um einen selektiven, liebenden Blick handelt; »Und der alte Trinker, der nach Hause torkelte vom Abort der Taverne, von der er spät aufgebrochen ist«. Der Knabe ist ein Spiegel der Landschaft, des Ackerbaus, der urbanen Straßen, auch »die Waren in den Schaufenstern« gehen in ihm auf, und um anzudeuten, dass die Erfahrung, von der er berichtet, nicht endlich sei, zeichnet Whitman am Schluss eine maritime Szene, bis an den Horizont. Was der Junge an sich erfährt, ist nicht nur die Zukunft von Natur oder Gesellschaft, die mit seiner eigenen zusammenfällt; sein universaler Blick macht sich sogar seine Herkunft zu eigen: »Seine Eltern, er, der ihn gezeugt hat, und sie, die ihn im Schoß empfangen und ihn geboren hat, / … sie wurden Teil von ihm.« Selbstverständlich, könnte man sagen, aber nicht in der Whitman'schen Rhapsodie, die den namenlosen Knaben offensichtlich verklärt. Der Knabe ist nicht ein riesiges Lager, in dem man alles findet, und er ist auch keine Enzyklopädie, in der kein Eintrag fehlt, sondern er geht hinaus und schaut – und wächst sich aus zu einem absoluten Medium, für »Männer und Frauen«, für die andere Hautfarbe, »barfuß der Negerjunge und das Negermädchen«,[99] für die Zuneigung und die Repression, das Unabdingbare und das Randständige, das Ephemere und das Zyklische. Das Gedicht heißt *Es gab einen Knaben, der ins Freie lief*.

Gewiss war McBride kein Whitmanianer, aber er teilt mit diesem die puritanische Wurzel, das Herüberdriften von anerzogener Religion in eine Mythologie des Humanen. Anders als Whitman ist er verzagt, was sein Bild im Spiegel betrifft. Aber er ähnelt ihm darin, wie er auf die Gesellschaft blickt, die Gesellschaft im Kern eine Gemeinschaft, die Gemeinschaft verwurzelt in der Freiheit, und die Freiheit geboren aus der Natur. McBrides Postulat einer guten, zärtlichen, im Zyklus der Zeugung sinnvoll verankerten Sexualität geht auf Whitmans Verweltlichung des puritanischen Christentums zurück.

Gewiss bedauert McBride angesichts des Knaben den Verlust der eigenen Jugend, was naheliegend ist für einen Propheten der Jugendkultur. Viel wichtiger aber ist der Hinweis auf »den Jungen in mir«, also eine Empfindung, die nicht an die eigene Lebensuhr gebunden ist, denn Knaben wachsen immer nach. Sie künden von etwas, und sie hören niemals auf zu künden. Sie sind Teil eines Zyklus, der Heilung verspricht. Im Jungen erblickt McBride sein Medium deshalb, weil er – wie Whitman in dessen Allegorisierung der amerikanischen Nation – selbst durch ihn, den Jungen, Medium wird. Im Sinne einer pädagogischen Kritik kann man McBride gewiss vorwerfen, den Knaben zum Zweck der Sinnstiftung emotional zu plündern; in der humanen Poetik Whitmans bleibt aber der Knabe das treffende Symbol, indem alles, weil es »Teil von ihm« wird, seine Existenz durchströmt und beleuchtet.

David Heinemann und Julius Leber Als Will McBride im Auftrag Fleckhaus' wieder in die Berge der nördlichen Toskana geschickt wurde, nahm er – »klar« – seinen »geliebten David« mit.[100] Auf einer Doppelseite in *twen* sieht man fünf junge Leute auf einem Steinboden vor einem lodernden Kaminfeuer sitzen; die Männer haben Bärte. Dies ist nur der Hintergrund. Auf dem Boden davor, in Nahsicht – Weitwinkel – liegt ein Fünfzehnjähriger ausgestreckt, in einer ockerfarbenen Cordhose, der Oberkörper nackt. Sein heller rechter Arm, bis in die rechte untere Ecke des Bildes ausgestreckt, scheint die ganze Szene zu tragen, als wäre das alles seine Idee. Mit seinem linken Arm hält er eine nur etwas ältere, dunkelhaarige Schwedin namens Christine, ein Mädchen in Bluejeans, das sonst auch nichts weiter anhat. Neben ihnen, auf dem Steinboden, zwei Gläser, eine Flasche Rotwein, eine Kiste mit Birnen. Eine davon ist angebissen.[101]

Der Junge, das war also David Heinemann aus dem Stamm der Rebellen, Hedonisten und Nackten von *Hair*, versetzt in Will McBrides Clique, die damit – in neuester Besetzung – ihr zehnjähriges Jubiläum feierte. »Clique auf Reisen: Mulis, Minne und die Malaspina« erschien im Dezember 1968, eine typische Fleckhaus-Idee. Denn in der Toskana auf Mulis zu reiten war völlig unüblich. Der Text verwandte die Klarnamen, der Junge hieß dort David, und es war sein erster Auftritt als Modell in der berühmten Zeitschrift. Unwahrscheinlich jedoch, dass viele Leser ihn im Februar 1969 wiedererkennen würden, in körnigem Schwarzweiß, als Prophet, Hippie und Sänger. Typisch für *twen*: Die Darsteller waren authentisch; deren Rollen austauschbar. Es war damals nicht üblich, nach Vergangenheit und Herkunft zu fragen, so dass wahrscheinlich die Besonderheit des Knaben gar nicht weiter auffiel.

Wirklich verblüffend ist, dass Will McBride, der angewidert war vom wirklichkeitsfernen Texten bei *twen*, das Verfahren selbst übernommen hat. So zeigt sich die ganze David-Story, wie man sie in *I, Will McBride* dreißig Jahre später nachlesen kann, als reine Suggestion. Demnach hätte der Fotograf diesen Jungen nicht in die Berge (übrigens nicht sehr weit von seinem 1965 erworbenen Haus) mitgenommen, sondern ihn dort – freischwebend, wie es sich für einen Propheten gehört –, überhaupt erst entdeckt. Er sprach »Vers-Fetzen zwischen den grünen italienischen Bergen der Lunigiana«, gab McBride vor, sich zu erinnern. »In windgefegtem Nebel« kündete David »von einer neuen Welt, voller Liebe und so«.[102]

David Heinemann war natürlich kein Prophet. Er war ein Münchner Gymnasiast, begabt, locker, auf eher unspektakuläre

Weise ansehnlich. Sein einziges Vorhaben für die Zeit nach dem Abitur war, so der Fünfzehnjährige im Interview, den Wehrdienst zu verweigern. Tatsächlich aber war das Menschenkind, das so perfekt den Geist der Zeit atmete, dass man es für einen Amerikaner hätte halten können, nicht irgendein Schüler. Er war nämlich der Enkel eines Widerstandskämpfers, und zwar des Sozialdemokraten Julius Leber.

David Heinemann war im März 1953 geboren worden. Er war, nach der Schwester Julia, das zweite Kind von Katharina Heinemann und Ulrich Heinemann-Rufer, genannt Uli. Katharinas Mutter, also Davids Großmutter, hieß Annedore Leber und gehörte zur sozialdemokratischen Prominenz; der Regierende Bürgermeister Willy Brandt kam mit seiner ganzen Familie nach Zehlendorf zu Besuch. Bereits 1954 hatte Brandt an einem Buch Annedore Lebers über Helden des Widerstands mitgearbeitet.[103] Uli Heinemann-Rufer war der Sohn des Musikwissenschaftlers Josef Rufer. Er hatte »wohl vor allem dem Vater zuliebe an der Hochschule für Bildende Künste Bildhauerei studiert«, wie Siegfried Schmidt-Joos sich erinnert, »aber sein Naturell zog ihn zu leichteren Übungen« – er wurde Discjockey beim Rias, unter dem Pseudonym Sam Jensen. Und er war Chefredakteur eines Jazz-Magazins mit dem Titel *Schlagzeug*, also der Sphäre von McBrides Clique durchaus verbunden.[104] Will McBride war dieser Familie über fünf Jahrzehnte mehr oder weniger nah. Selbst bei der Beerdigung von Katharina Christiansen-Leber im Herbst 2008 sollte er noch zugegen sein.

Julius Leber, Davids Großvater, war der uneheliche Sohn eines elsässischen Bauern und Witwers gewesen, aufgewachsen bei seiner Mutter Katharina Schubetzer. Adoptiert von einem Maurer namens Leber, arbeitete er schwer an seiner Bildung, brachte es im Ersten Weltkrieg bis zum Leutnant und wurde 1921, inzwischen promoviert, Chefredakteur des *Lübecker Volksboten*, einer »Tageszeitung für das arbeitende Volk«. Leber gehörte schon zu den Hassobjekten der Nazis, bevor diese die Macht ergriffen; von 1933 bis 1937 war er inhaftiert und wurde auch misshandelt. Im Krieg brachte er seine Ehefrau, ehemals ein Bürgersmädchen namens Annedore Rosenthal, mit den Kindern Katharina und Matthias auf dem Land in der Nähe von Magdeburg unter, während er in Berlin-Schöneberg, als Kohlenhändler getarnt, Teil einer Verschwörung gegen Hitler wurde. Im Putschkabinett war er als Minister vorgesehen. Leber wurde früher verhaftet als die anderen Verschwörer des 20. Juli und am 5. Januar 1945 in Plötzensee erhängt. Nach ihm wurden in vielen westdeutschen Städten Straßen und Schulen benannt; in Berlin, Hamburg, Münster und Offenbach, zum Beispiel. In München aber nicht.[105]

Annedore Leber siedelte, wie nicht wenige Sozialdemokraten, nach dem Krieg in Berlin-Zehlendorf, betrieb aber die Kohlenhandlung weiter und gründete den Mosaik Verlag. Einer der Verschwörer gegen Hitler hatte über sie gesagt: »Sie ist wie eine stählerne Klinge, diese Frau, federnd und nicht zu zerbrechen.«[106] Den Rest ihres Lebens verbrachte sie in vollkommener Verehrung ihres Ehemannes. Zum 50. Jahrestag des 20. Juli erinnerte sich die Tochter Katharina Christiansen-Leber so:

»Als Vater zum Tode verurteilt worden war, wollte Mutter uns mit einem Satz trösten, den er ihr bei einem ihrer letzten Besuche mit auf den Weg gegeben hatte. ›Jetzt kann ich für meine Kinder nichts mehr tun, als für sie zu sterben.‹ Ich war damals sehr jung, sehr unglücklich, aber es war ein erhebendes Gefühl, einen Vater zu haben, der den Tyrannenmord angezettelt hat. Dafür hat man ihn an einem kalten Tag im Januar an einem Fleischerhaken in Berlin erhängt. Ein furchtbarer Preis für einen posthumen Ruhm. Mit den Jahren wurde ich der ganzen Sache gegenüber kritischer. Ich fand heraus, dass Vater am allerwenigsten für meinen Bruder und mich, sondern für die anderen Deutschen, die den Krieg überlebten, gestorben ist. Auch für Nazis und Mitläufer.«[107]

Obwohl eine gute Schülerin, brach sie mit sechzehn Jahren die Schule ab und versuchte sich an einer Modeausbildung in Paris. 1962, geschieden, zog sie von Berlin nach München. Julia wurde auf Internate geschickt; David blieb eine Weile bei seiner Großmutter in Zehlendorf und kam dann nach. Mit dem Umzug nach »Westdeutschland« nach dem Bau der Mauer war sie nicht die Einzige. Aber der Schritt war wohl auch notwendig geworden, um dem Kokon unerschütterlicher familialer Heldenverehrung zu entkommen.

Man könnte sogar sagen, dass Katharina Heinemann den McBrides nach Bayern gefolgt wäre; jedenfalls kam sie später, aber nicht viel später. Sie fand dort Arbeit beim Verlag Kindler & Schiermeyer, wo die Jugendzeitschrift *Bravo* verlegt wurde; aber einige Jahre später auch *twen*. Katharina Heinemann – später Christiansen-Leber – und Will McBride verkehrten in derselben Medienszene. Als McBride West-Berlin verließ, 1960, war David sieben, als er in München auftauchte, war er neun oder zehn. Mit dem Umzug seiner geschiedenen Mutter kam er in die bayrische Hauptstadt, wo er wenige Jahre später von Bertrand Castelli für die deutsche Erstaufführung von *Haare* angeworben wurde. Ein wichtiges Anliegen sollte ihn als Einundzwanzigjährigen zurückbringen nach West-Berlin.

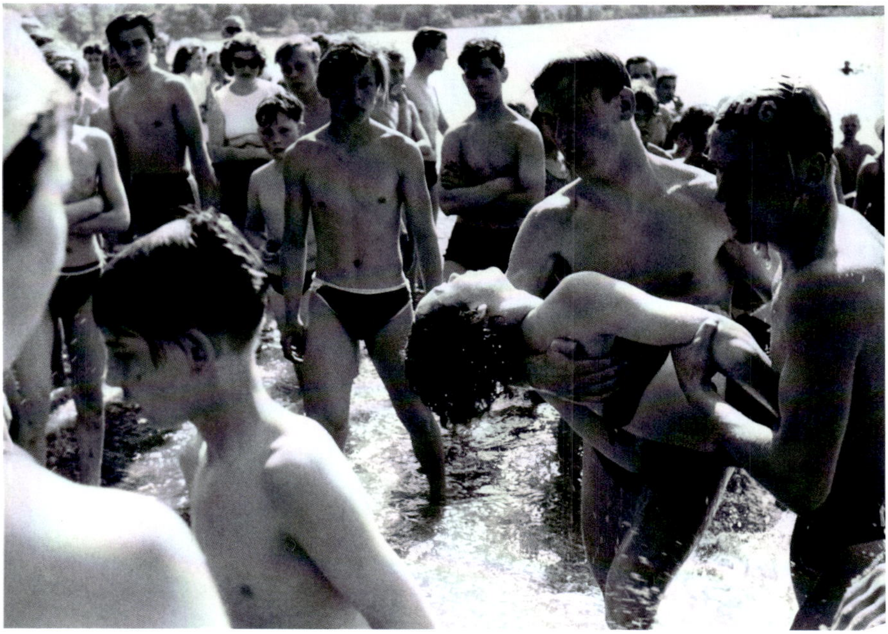

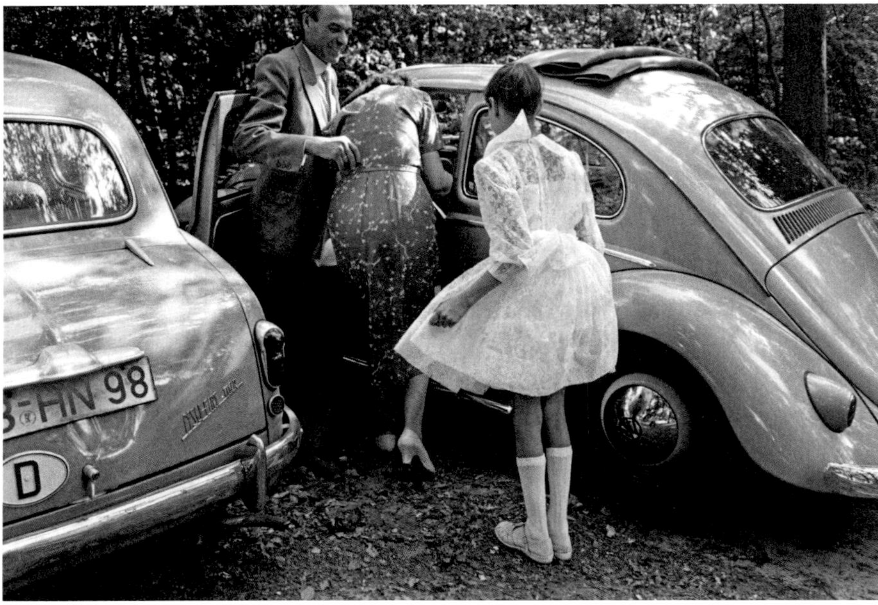
HN 98
D

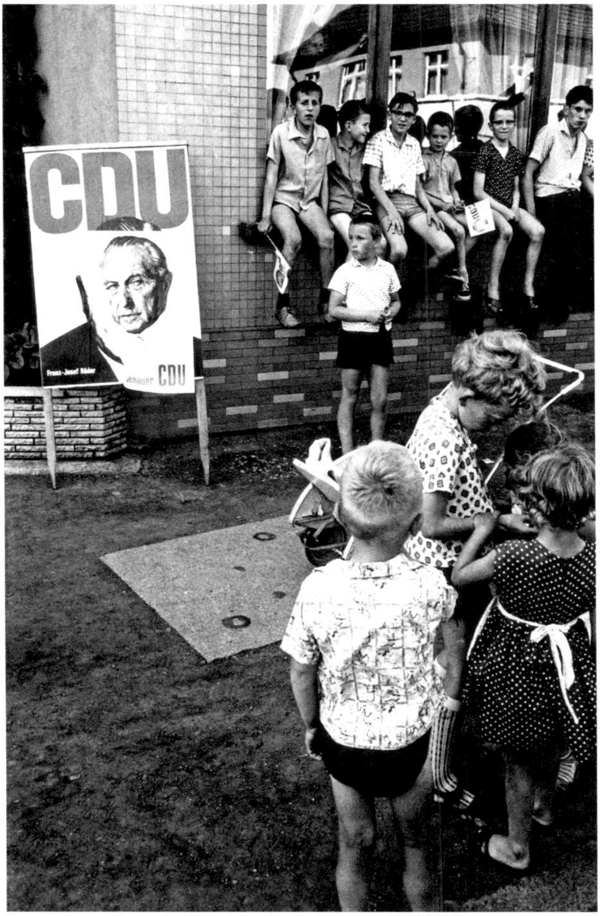
CDU
Franz-Josef Röder
CDU

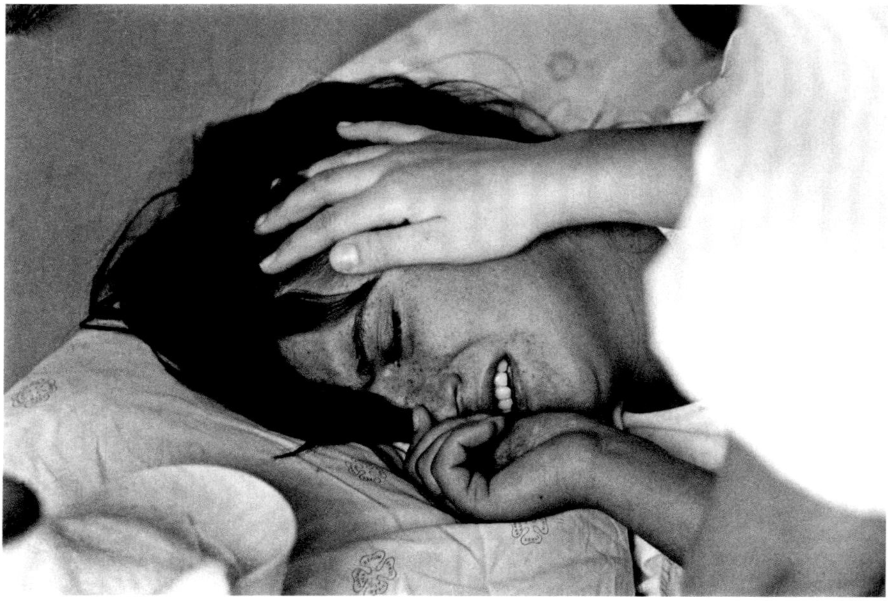

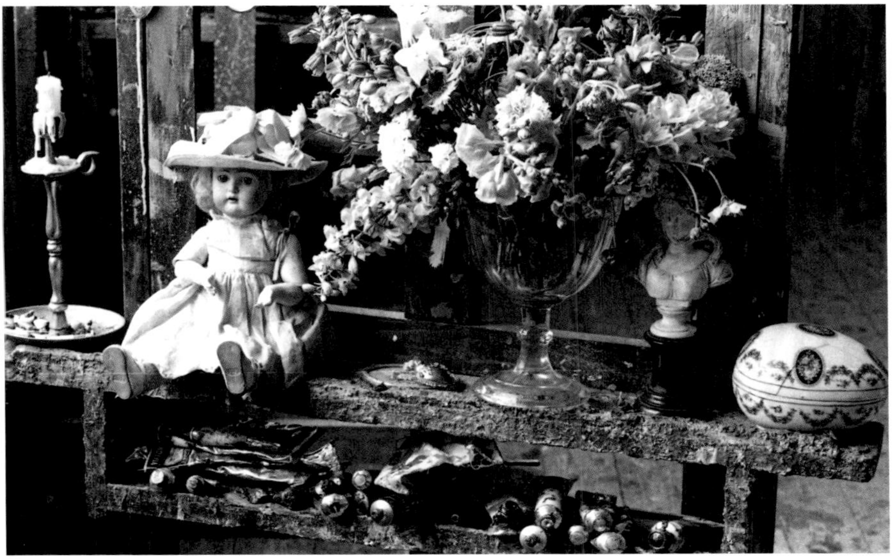

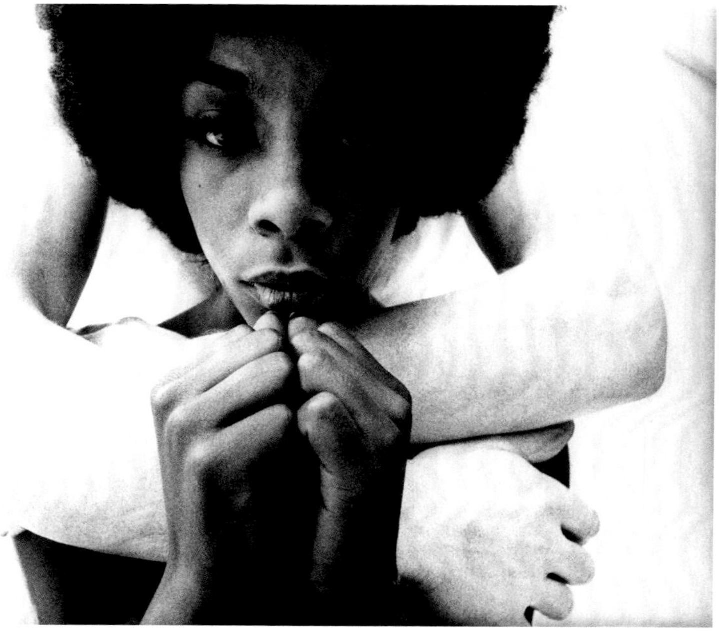

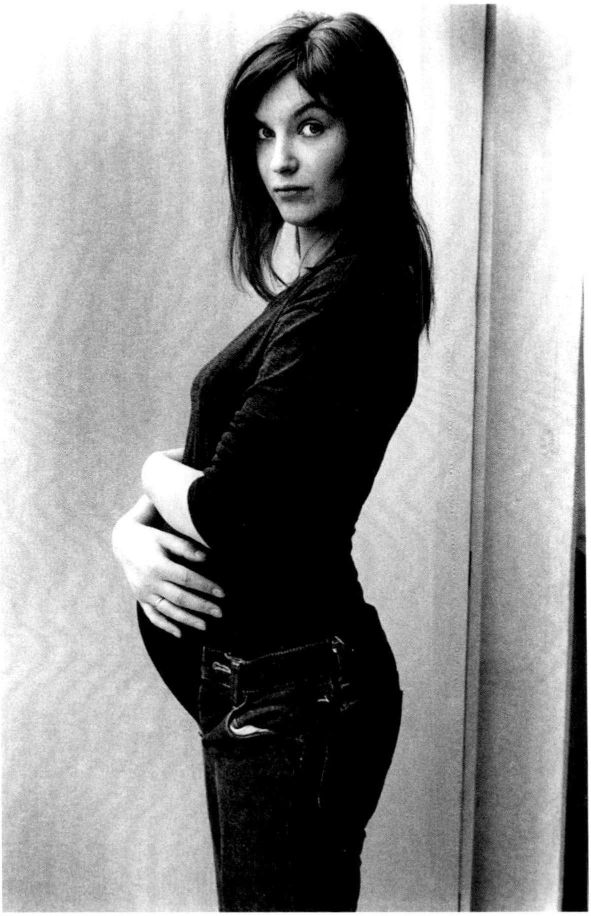

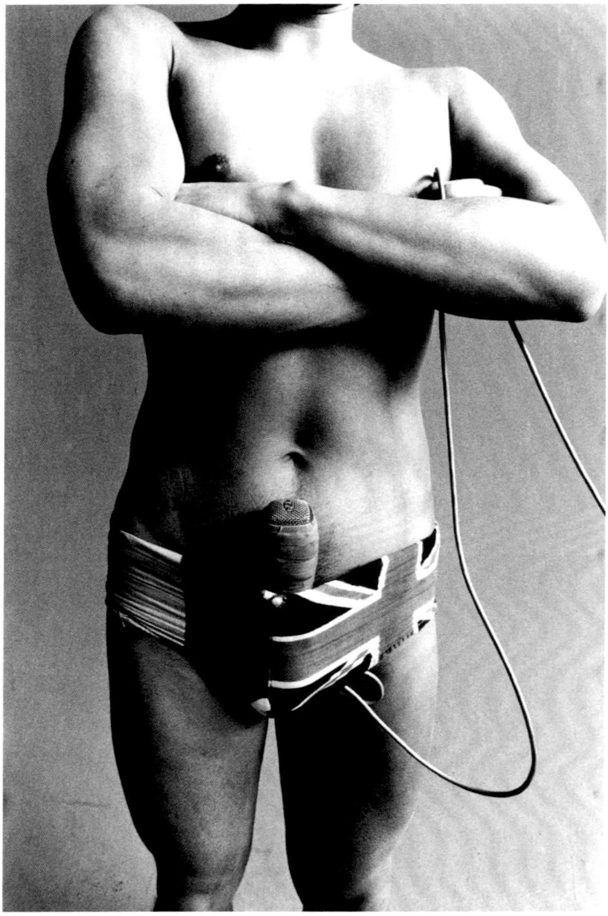

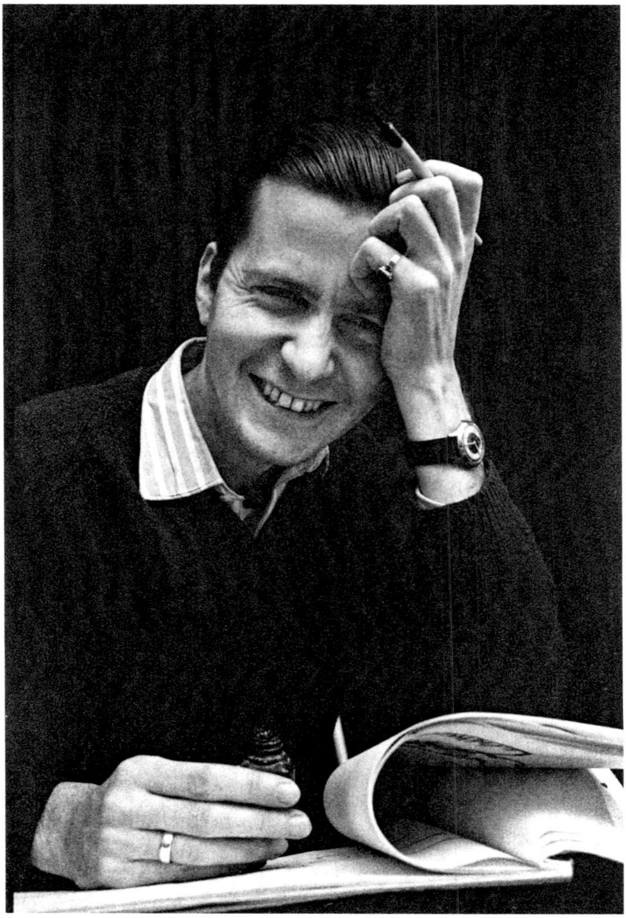

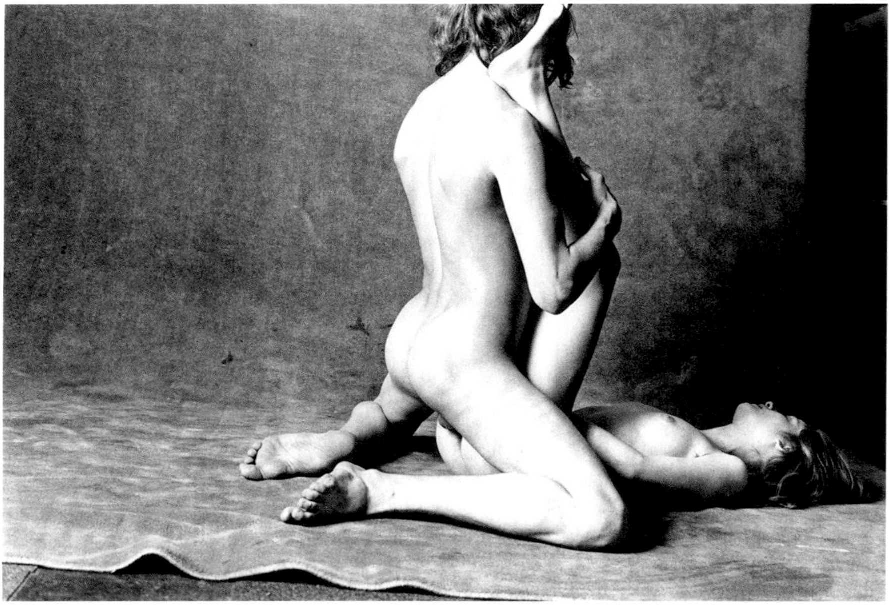

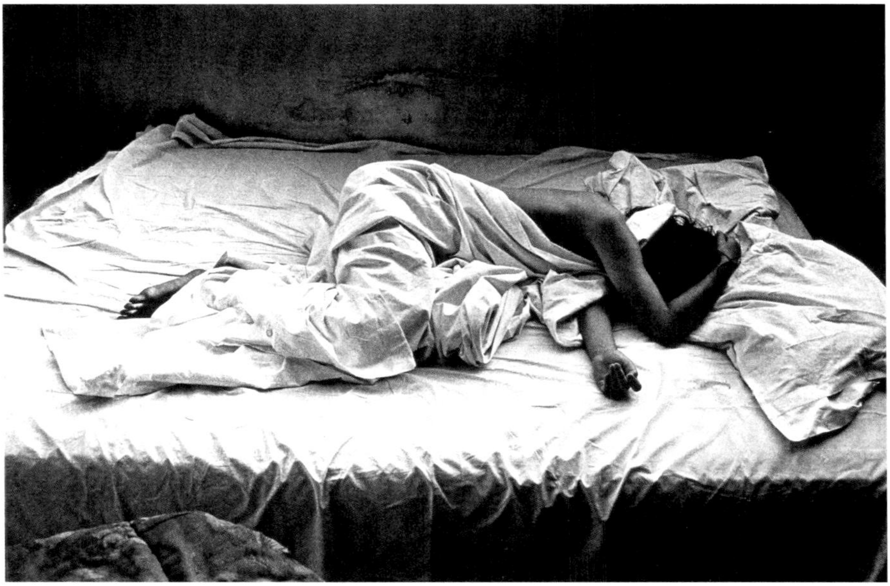

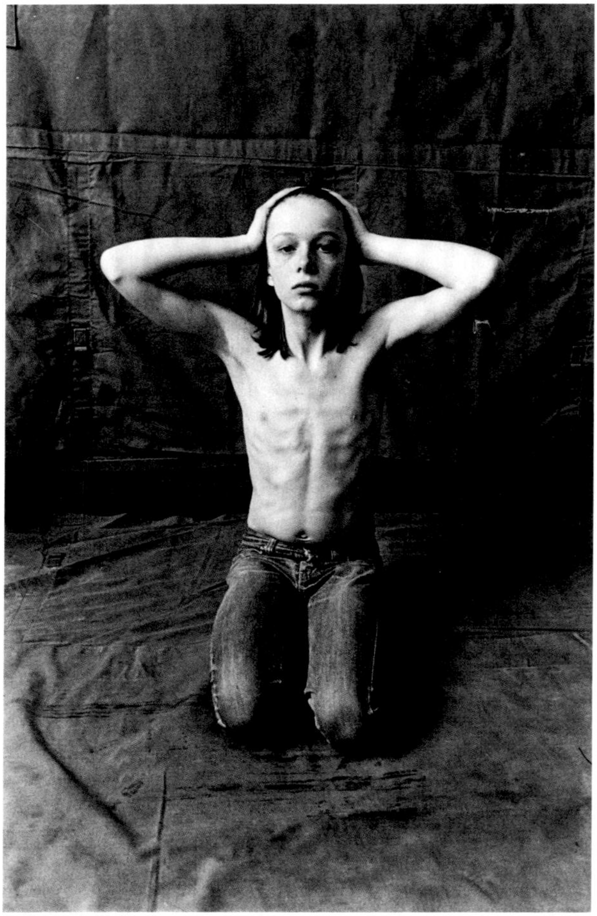

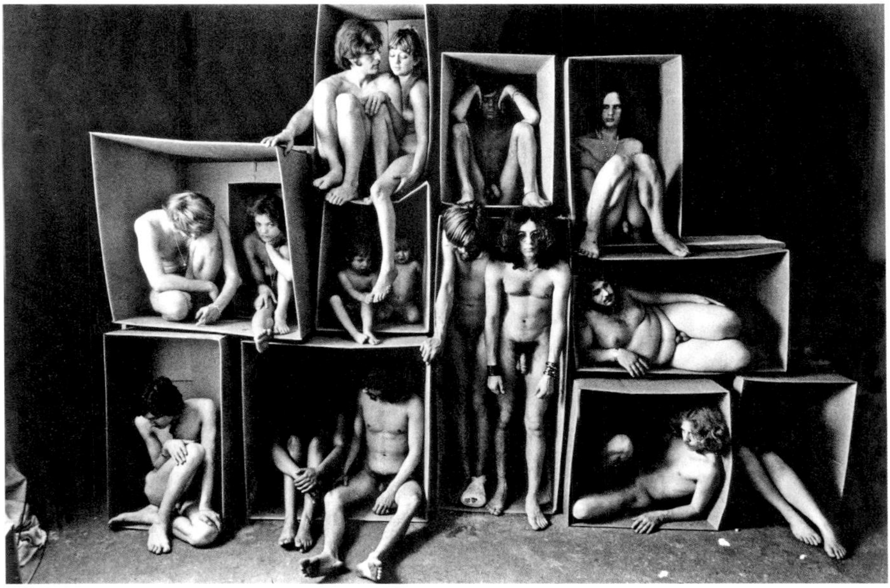

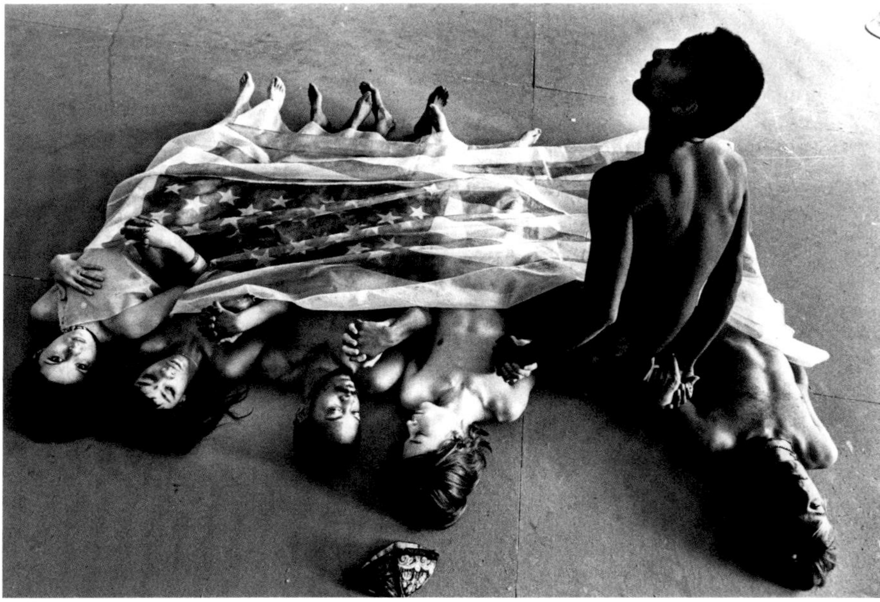

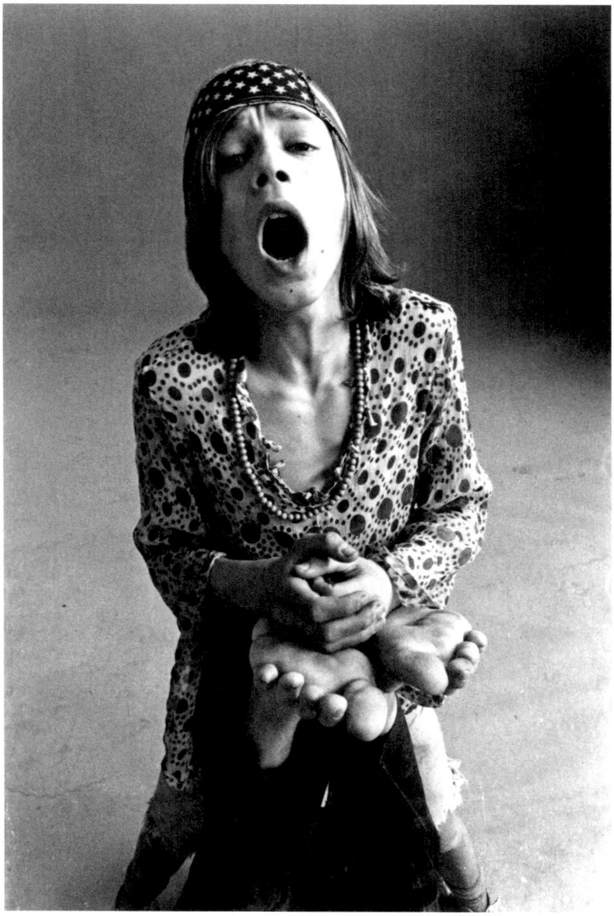

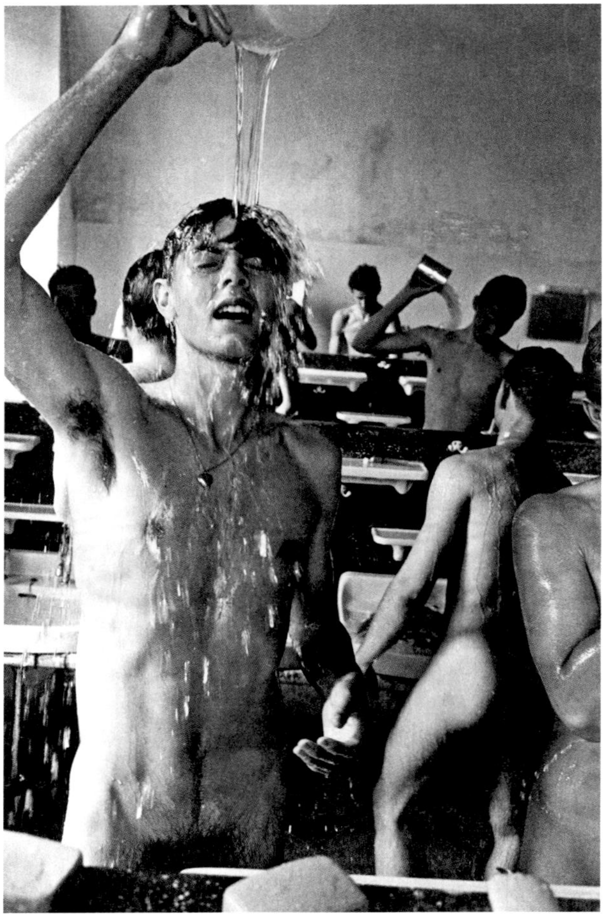

Die HfG und »Die Weiße Rose« Das Klischee über die Schließung der HfG Ulm besagt, es handelte sich um eine reaktionäre Rache an einer progressiven Bildungsinstitution. Gewiss regierte zu dieser Zeit das erste Kabinett von Hans Filbinger – allerdings in einer Koalition mit den Sozialdemokraten. Als der Landtag in Stuttgart sich gegen die Schule entschied,waren diese daran beteiligt.

Geradezu unheimlich ist der Zeitpunkt der Schließung. Will man sie als politischen Akt verstehen, muss man auch das Heldenpatronat der Geschwister Hans und Sophie Scholl im Blick behalten. Deren ältere Schwester, Inge Scholl, hatte sogleich nach der Hinrichtung ihrer Geschwister begonnen, ihre Erinnerungen an diese aufzuschreiben. Daraus ergab sich schließlich ihr Buch über »Die weiße Rose« im Verlag der Frankfurter Hefte 1952.

Im Sommer desselben Jahres verabschiedete sich der Hochkommissar der Alliierten für die USA, John McCloy. Er hatte drei Jahre lang wichtige Entscheidungen zu treffen; allerdings nach Gründung der Bundesrepublik Deutschland. Er betrieb, wie zuvor Lucius D. Clay, die Westanbindung Westdeutschlands; mit der Souveränität der Bundesrepublik zeichnete sich auch deren Wiederbewaffnung ab; und er begnadigte etliche der Landsberger Häftlinge, verurteilte Kriegsverbrecher, vor allem durch Verkürzung von Haftstrafen. Schwer umstritten war die Vollstreckung von Todesurteilen. Kanzler Adenauer und seine Chefberater für Fragen der Wiederbewaffnung versuchten die Verurteilten vor dem Erhängtwerden zu retten; sogar »protestantische Bischöfe und verständige SPD-Leute« kritisierten die Kriegsverbrecherprozesse. Schließlich hatte die Bundesrepublik Deutschland durch das Grundgesetz die Todesstrafe abgeschafft. Kurt Schumacher, selbst Opfer der Nazis, sah in Hinrichtungen eine Verletzung deutscher Souveränität. Auch Inge Scholl gehörte zu den »Persönlichkeiten«, die sich dem anschlossen: der äußerste Punkt einer Lehre aus den Verbrechen der Nazis, erstaunlich genug, aber zutiefst christlich.[108] Ihr Engagement in dieser Sache änderte nichts daran, dass McCloy in Inge Scholl – in der Geschichte ihrer Familie und ihrem Engagement in Ulm – eine vorbildliche Deutsche erblickte und ihr Vorhaben, eine Hochschule zu gründen, massiv unterstützte. Bevor er Deutschland am 1. August 1952 verließ, überreichte er ihr einen Spendenscheck über eine Million Deutscher Mark, die Hälfte sämtlicher Gelder, die zur Gründung der Hochschule für Gestaltung gebraucht wurden. Die andere Hälfte wurde dann von deutschen Industrieunternehmen bereitgestellt. Die HfG war auf McCloys Kulturliste das »Project No. 1«, wurde also zum hochsymbolischen Ort amerikanischer Außenpolitik. Ziel waren der Aufbau der Bundesrepublik Deutschland und deren Integration in ein demokratisches Westeuropa: Ulm als Ort für die Entwicklung moderner Gestaltung, für kosmopolitische Pädagogik und interdisziplinäre Theorie, so wie das zeitgenössische Black Mountain College in North Carolina, in dem wiederum Bauhausideen weiterentwickelt worden waren.

Inge Scholl, Jahrgang 1917, war als adoleszentes Mädchen überzeugte Nationalsozialistin gewesen. Mit neunzehn Jahren wurde sie Ringführerin bei den »Jungmädeln«, der Nazi-Organisation für zehn- bis vierzehnjährige Mädchen; von diesen »führte« sie sechshundert.[109] Für die mangelnde Begeisterung ihres Vaters Robert Scholl hatte sie wenig Verständnis. Im Herbst 1937 wurde Inge wegen des Verdachts auf »bündische Umtriebe« verhaftet.[110] Entlassen, kehrte sie nicht zum BDM zurück. Sie wurde für sechs Monate »Haustochter«, heute sagt man »Au pair«, bei Bremen und besuchte – mit Sophie, die siebzehn war – auch Worpswede.

Bei Inge Scholl kamen zu Anfang des Krieges zusammen: die Abkehr vom NS; die Entdeckung von Literatur und Philosophie; die Hinkehr zum Katholizismus. Dabei spielte bereits Otl Aicher eine gewisse Rolle. Hans und Sophies Umfeld, als Studierende in München, war in der Tat katholisch geprägt gewesen; nach der Hinrichtung der Geschwister konvertierte Inge Scholl und begann zu glauben, dass auch ihre Geschwister »als Katholiken gestorben waren«.[111]

Robert Scholl, mit der Verurteilung seiner Kinder zum Tode in »Sippenhaft« genommen, wurde nach dem Krieg als Oberbürgermeister von Ulm eingesetzt. Seine Tochter Inge machte sich an die Gründung einer Volkshochschule, was im April 1946 fast misslang, weil sie wegen ihrer BDM-Vergangenheit in ihrem Entnazifizierungsbescheid als »belastet« eingestuft worden war. Die Militärregierung gab nach und ließ sie die Leitungsposition in der VHS doch noch einnehmen, wobei das ungeheure Opfer ihrer Geschwister und die Folgen für die Familie eine wesentliche Rolle spielten.[112]

Ihre Arbeit am Gedenken der ermordeten Geschwister war nicht umsonst und ist bis heute spürbar. Der Lichthof in der Ludwig-Maximilians-Universität in München, in den die beiden ihre Flugblätter geworfen hatten, wurde im Zuge des Wiederaufbaus erst 1957 wieder zugänglich; ab 1958 gab es regelmäßig universitäre Veranstaltungen, um an die Geschwister zu erinnern. Zehn Jahre lang galt der Akt des Widerstands als heroische Tat im Geiste des Humanismus; dass Hans und Sophie nicht eigentlich »politisch« gewesen waren, machte sie als Symbole so wirksam. Plötzlich erschien aber den Studenten, und nicht nur den linken, genau das als Makel. Die Veranstaltung zum 25. Todestag – 1968 – wurde massiv gestört, dennoch zu Ende geführt und danach als Feierstunde aufgegeben. Ein Berliner Student schrieb ein Buch mit dem Titel *Studenten aufs Schafott. Die Weiße Rose und ihr Scheitern.*[113]

Es gibt eine Reihe gut begründeter Vermutungen über das Ende der HfG in Ulm: deren überbordende Ambition; eine Art Verschwörung um die Nachfolge im Rektorat;[114] Otl Aichers Ausstieg, nachdem er 1967 Gestaltungsbeauftragter der Olympischen Spiele für das Jahr 1972 wurde; das Unverständnis der Politik für eine Hochschule mit einer theoretischen Fundierung. Was aber übersehen wurde, ist der Verfall der moralischen Währung, die »Weiße Rose« betreffend. War es in der Nachkriegszeit ihr größter Vorteil gewesen, weder rechte noch linke Widerständler gewesen zu sein, schienen sie 1968 plötzlich aus der Zeit gefallen. Und genau in diesem Jahr wurde die Hochschule, deren Stiftung nach Hans und Sophie Scholl benannt war, geschlossen.

Willy Brandt Am 22. August 1961 machte Will McBride Pause am Autobahn-Rasthaus Feucht. Auf der »Speisen-Karte« standen eine Selleriesuppe für 60 Pfennige oder ein »Kalbsteak m.Champignon, p.frites u.Salat« für »4.80«, die Währung wurde nicht explizit genannt. Der Fotograf schnappte sich von den hochformatigen Kartons mehrere und beschrieb sie rückseitig von Hand. Er war sichtlich aufgewühlt von seiner Begegnung mit Willy Brandt. »Dear Mr. K.«, schrieb er, und adressierte damit Kurt Kornfeld, einen der Gründer der Fotoagentur Black Star in New York. Er versuchte, dem Bildredakteur klarzumachen, warum die Brandt-Portraits, die er »last Friday in Seigen, a village on the outskirts of Bonn« gemacht hatte, so wichtig waren. Dort musste Willy Brandt am 18. August gesprochen haben. Er war der Kanzlerkandidat der SPD; sein Gegenkandidat, zum vierten Mal aufgestellt, hieß Konrad Adenauer. McBride sollte beide bei Wahlkampfreden für die *Quick* fotografieren. Am Donnerstag war Adenauer in Bonn dran, am nächsten Tag Brandt in Siegen. Dort glaubte er, bei einer Rede Brandts, dessen innere Sendung erkannt zu haben. Das gab er, in seiner Notiz an K., so wieder:

»He has no time at the present to run a ›real‹ campaign as planned with ›whistle stop‹ tours through Germany. His job, he says, is to ›take care of his city!‹ inferring that if he takes well care of his city, he will be able to lead West Germany in the fight for a free Western Europe.«

Am 13. August, also neun Tage vor der Speisekartennotiz, hatte die Abriegelung der westlichen Sektoren Berlins begonnen. Der Mauerbau war bereits in Gang. McBride hatte davon zuerst in München gehört – an der Bar des Regina-Palast-Hotels sitzend. Er war sofort nach Berlin geflogen, hatte fotografiert, war zurückgeflogen und gleich darauf, falls sein Bericht zutrifft, mit seinem MG, einem englischen Sportwagen, nach Bonn gestartet. Die Republik war in Aufruhr, und im September sollte der Bundestag neu gewählt werden.

Er, der bereits weggegangen war aus West-Berlin, sah den Niedergang der Stadt voraus, weil er glaubte, ihre Funktion sei gerade gewesen, ein Brückenkopf in den Osten zu sein. Er griff tief in die Metaphernkiste und notierte, auf der Rückseite der Speisekarte: »I photographed Brandt at a moment of a shaft of light of hope in one of the darkest hours of German Post war history: Berlin was suddenly isolated from the EAST. And with this building up of a wall between West Berlin & the East, West Berlin's function and fundamental reason for being ceased to exist.«[115]

In Siegen hatte er Brandt gefragt, ob er ihn auf dem Rückweg begleiten dürfe. Er durfte. So flog er, auf eigene Kosten, mit dem Regierenden Bürgermeister nach Berlin und am folgenden

Tag nach Köln/Bonn zurück, wo sein Auto stand; und dann über die Autobahn wieder nach München. McBrides Begegnung mit Brandt lag also fast zwei Jahre vor dem Besuch bei Adenauer am Comer See. Willy Brandt war achtzehn Jahre älter als McBride und fast achtunddreißig Jahre jünger als Adenauer. Die ganze Republik schaute auf diese beiden Figuren: Adenauer, der Berlin als lästiges Problem empfand und sich vor dessen linkem Wahlvolk fürchtete. In der Tat hatte er das Modell erfunden, nach dem die Abgeordneten aus Berlin in Bonn kein volles Stimmrecht hatten. Und auf Brandt, der als moderater Linker für die Westbindung Berlins stand. McBride tat, was in diesem Moment die ganze Republik tat: Er überlegte, inwiefern Brandts herausragende Rolle im Berlin-Konflikt ihn prädestinierte, das Kanzleramt zu übernehmen. Und er ahnte, wen er da vor sich sah, nämlich in etwa einen deutschen Kennedy.

Brandt, extrem fotogen, wurde unentwegt fotografiert und gefilmt. Aber er war nicht so leicht zu erreichen. Das hatte zu tun mit seiner schwierigen Familiengeschichte, mit seiner Unbehaustheit. Am sichersten war er auf Reisen und vor Menschenmengen. Insofern war das Nahportrait keine leichte Aufgabe. Brandt sah immer angemessen und nachdenklich aus. In einem Foto, das McBride der gemeinsamen Reise zuordnet, zeigt er Brandt leicht von oben, in einem chaplinesken Moment des Amüsements. An der kalten Kippe, die zwischen Daumen und Zeigefinger steckengeblieben ist, erkennt man, dass er wartet. Vielleicht in einem Restaurant in Bonn oder Umgebung. Mittels der Schwärze seines Dreiteilers schließt McBride das Bild nach unten fast vollständig, die Düsterheit der Berliner Situation buchstäblich illustrierend. Die weißen Manschetten mit ihren Knöpfen leuchten am unteren Bildrand. Will McBride wagt sich nah ran und gibt dem Portrait eine gewisse pastorale Feierlichkeit.

Faszinierend an Brandt war das Ausgreifen mit halboffener Hand; Rainer Fettings Skulptur im Willy-Brandt-Haus in Berlin hat ihn in dieser Geste erfasst. Obwohl nach objektivem Maß riesig, hat der Künstler ihn zu einem Männchen gemacht und gezaust, so dass man ihm die Stürme seines Lebens auch ansieht. Als Politiker um die fünfzig jedoch, noch jünger aussehend, war Brandt das Sinnbild von Hoffnung; wenn es ein westdeutsches Bild von Zukunft gab, dann spiegelte es sich in diesem bildschönen Mann. Seine slawischen Wangenknochen machten ihn »weit«; seine Augen »tief«; seine Geheimratsecken »nachdenklich«; seine kleinen Ohren »bübisch«. Er sah sehr viel gesünder aus, als er tatsächlich war, und McBride, der ihn nach dem Wahlkampfauftritt in Siegen im Flugzeug nach Hause begleitete, kann dessen Neigung zum Alkohol nicht entgangen sein, von Nikotin gar nicht zu reden. Die Begegnung war gründlich genug, um zu erkennen, dass Brandt dabei war, aus der West-Berliner Frontsituation heraus zu einem Vordenker Europas zu werden; das belegt McBrides handschriftliche Notiz von der Autobahnraststätte. Keine Frage, dass er als Amerikaner auch bei dieser Begegnung einen Vorteil hatte. Beide waren über den Bau der Mauer genuin erschüttert, und die Vereinigten Staaten – daran hatte Brandt nicht den geringsten Zweifel – waren die einzigen wirklichen Garanten für Schutz und Erhalt West-Berlins. Das sind, gewiss, soweit Klischees, aber die Begegnung eines Bildjournalisten mit einem Politiker, wie auch immer sie ausgeht, ist ohnehin eines.

Anders als viele andere Politiker war Willy Brandt selbst Journalist gewesen, ein Beruf, in den er sich über alle lokalen Themen für den *Lübecker Volksboten* schreibend eingeübt hatte, mit vierzehn Jahren. Dort begleitete ihn der Chefredakteur der sozialdemokratischen Zeitung: eben Julius Leber. In die Partei mit siebzehn Jahren aufgenommen, verließ Brandt sie mit achtzehn Jahren wieder – und verlor damit auch seinen Mentor Leber. Brandt war ein entschiedener Gegner der kampflosen Übereignung des Staates an Deutschnationale in Berlin 1931 und schloss sich einer etwas weiter links stehenden Partei an, der SAP, die nie nennenswert Stimmen fing, für die er aber 1933 sein Leben riskierte.[116]

Will McBride hatte in West-Berlin miterlebt, wie Brandt zum Regierenden Bürgermeister gewählt worden war. Da sich McBride im Umfeld von Annedore Leber bewegte, muss er eine Vorstellung von der Persönlichkeit Brandts gehabt haben, bevor er ihn ansprach. Dazu kam McBrides spezifischer Blick, seine Sensibilität für Rebellion und Verletzlichkeit. Im Juli 1956 hatte man »einen hemmungslos weinenden Willy Brandt« gesehen, als er auf einer Bootsfahrt erfuhr, nicht in den Vorstand der SPD gewählt worden zu sein.[117] Die ganz große Sendung und der wunde Kern, das war auch die Formel McBrides, und Brandt sollte sich lebenslang in der Technik üben, den flimmernden Urgrund durchscheinen zu lassen, die Wunde zu zeigen, so dass das Lebenswerk im Vergleich umso unwahrscheinlicher glänzen möge.

Hermann Hesses *Siddhartha* In Will McBrides Narrativ seines eigenen Lebens ging es immer um Krise und Heilung. Mühelos machte er Geständnisse. Er habe seinen ersten Sohn anfangs nicht geliebt; er habe zu viel Alkohol getrunken; er sei unter Arbeitsdruck ungenießbar; er habe den Kontakt zu den Menschen verloren. Einmal ließ er sich in eine Klinik einliefern, dann versuchte er es mit der Psychoanalyse. Aber die Rettung bestand nicht darin, sich der Familie zuzuwenden, das Studio zu verkleinern und nicht mehr zu trinken.

Die Rettung Will McBrides sollte eine spirituelle Angelegenheit sein, die Erfahrung des Verlusts des Selbst als Weg zu einer Findung. Am ehesten zu greifen war die rettende Formel in einem Bild, aber nur, um sich im Gelungenen als Scheiternder zu spiegeln. Sein fotografisches Werk, kollektiv rezipiert, ließ er zuwuchern von autobiographischen Protokollen; so wie ein moderner Bungalow, den alle kennen, unter Efeu verschwindet.

Seine überbordende Autobiographie in Bild und Text, *I, Will McBride*, hat mehrere Vorläufer. Einer ist ein schmaler, großformatiger Bildband unter dem Titel *Siddhartha*, der 1982 bei Swan in Kehl am Rhein erschien. Die Fotografien illustrieren Hesses Roman aus dem Jahr 1922; der abschließende Text im Buch beschreibt die Lebenskrise des Fotografen im Frühjahr 1969. Sie führte ihn, das musste damals so sein, nach Indien. McBride aber ging nicht dorthin, um sein Leben zu verlangsamen, westliche Lebensvorstellungen preiszugeben und Meditation zu erlernen. Er fuhr nach Bombay, Kalkutta und Benares, um die größte fotografische Produktion durchzuführen, die er jemals für *twen* übernommen hatte, eine dreiteilige Folge im Sommer 1969.

Er schildert es so, als habe er sich allein auf den Weg gemacht, »mit Leicaflex- und Pentax-Kameras, die mit ostdeutschen Flektagon-Weitwinkelobjektiven ausgerüstet waren, Brown-Hobby-Blitzgeräten, Stativen und 360 Kodachrom-Filmen«.[118] Das Problem waren die Filme, sie blieben im Zoll hängen. Die Inder wollten ihm nicht glauben, dass er all diese Filme belichten wollte – und nicht etwa verkaufen.

Noch überraschender ist, dass er glaubte, er könne eine Produktion mit etwa zwanzig Darstellern improvisieren. Allein für die Besetzung Siddharthas brauchte er vier Personen, denn Hesses Geschichte reicht von der Kindheit bis ins Alter. Seine Ahnungslosigkeit, was Indien betrifft, ist geradezu erschütternd. Weil die Bindungen an Kasten und Religionen ihn nicht interessierten, glaubte er, sie würden in der Darstellung des Romanstoffs keine Rolle spielen. Um die Erfahrungen Siddharthas mit seiner Geliebten zu inszenieren, gedachte er, Illustrationen aus dem Kamasutra nachzustellen. Als jemand vom Goethe-Institut ihm versicherte, das sei in Indien unmöglich, glaubte er es nicht. Aber es blieb unmöglich.

Im Handumdrehen glich er dem Prototyp des Westlers in einer exotischen Welt, die er als unfreundlich und unbeweglich, schließlich als durchweg feindlich wahrnahm. Von der durch Einsicht und Weisheit gespeisten Binnenschau Hesses war McBride weit entfernt. Er hatte allerhand Geld mitgebracht; die Bildfolge und das Layout standen schon. Nur die Wirklichkeit wollte nicht mitspielen. Er nahm sich nicht die Zeit, sich herunterzuschwingen auf die Uhren Indiens. Als er zu fürchten begann, die Mittel der Zeitschrift *twen* würden nicht reichen, akquirierte er weitere Unterstützung beim amerikanischen Magazin *Look*. Ja, das Goethe-Institut war begeistert. Und es gab einen Freund beim Radio Freies Europa, der ihm Sachen nachschickte, die er zu Hause vergessen hatte. Er wurde sogar empfangen beim Kinoregisseur Satyajit Ray, der ihm seine eigenen Schauspieler anbot, weil diese grade nicht beschäftigt waren. In Benares, einer Universitätsstadt am Fluss, kam am Ende alles zusammen; *Siddhartha* wurde innerhalb von zwei Wochen fotografiert. Das Nahportrait eines etwa Zehnjährigen fand sich Jahre später auf dem Titel des großen Buchs. Über dem Portrait des Knaben steht: *I, Will McBride*.

Auch die Idee der Weltreise war beim nun fast Vierzigjährigen angekommen. Von Indien aus gedachte er ostwärts zu reisen: »Halten tue ich in Bangkok, Hongkong, Tokio, San Francisco, Los

Angeles, St. Louis, Chicago, Detroit, New York, London, bevor ich nach München komme«, schrieb er seinem Studiomanager Horst Milling aus Indien. »Bitte bemühe dich um kleinere Aufträge, die ich machen kann, um die Spesen zu decken. Dicke Honorare sind auch willkommen. D.D.B., McCann, Trost und so weiter« – das heißt, er sollte bei den großen Werbeagenturen Aufträge an Land ziehen. Allerdings plante er als Erstes einen Zwischenstopp in »Saigon, um dort Bilder vom Vietnamkrieg aufzunehmen«, fünf Tage genau. Er telegraphierte seinem Studio in München, es solle für ihn noch schnell eine Lebensversicherung abschließen.[119]

Dies war Will McBride Ende der sechziger Jahre. Seine Bilder zu Hermann Hesses *Siddhartha* waren Fotodesign mit menschlicher Message. Sie illustrierten seinen letzten esoterischen Traum, bevor er völlig die Kontrolle über sein Leben verlor. Anders als bei seinem schwarzweißen Gesamtwerk, gibt es aus diesen Bildern wenig zu lernen, und sie geben auch keine Rätsel auf. Sie bebildern eher McBrides gefährliches Jonglieren zwischen Redaktion und Werbung, Elitebewusstsein und Nabelschau, Psychotrip und Produktionsdruck. Den Osten neu zu erfinden war Hesse sehr wohl gegeben (und die Beatles brachten von dort die musikalischen Motive ihres »Weißen Albums« mit) … – McBride leuchtete in Indien jene Bilder aus, die er dorthin bereits mitgebracht hatte. Ganz nach der Methode Fleckhaus', dem die eigene Erfindung mehr galt als die Erfahrung des anderen.

Studio Maximilianstraße Die Leica-Sucherkamera, leicht und beweglich, war eine Kamera für alle Zwecke, nur ihr Einsatz im fotografischen Atelier blieb gänzlich unüblich. Die amerikanischen Meister des Studios fotografierten ganz selbstverständlich mit Plattenkameras, die Negative von Stillleben und sogar Portraits so groß wie ein Taschenbuch. Und größer. In europäischen Studios setzte sich die Hasselblad durch, eine Spiegelreflexkamera mit Rollfilm. Deren Filmkassette produzierte zwar nur zehn fotografische Quadrate, aber sie war mit einem Schnellverschluss an die Rückseite der Kamera montiert und konnte in Sekunden ausgetauscht werden. Will McBride kaufte sich auch Spiegelreflexkameras, sowohl von Leitz wie von Nikon, aber er blieb beim Kleinbildformat – ein Negativ oder Dia von 24×36 Millimetern. Technisch gesehen also betrieb er die Fotografie im Studio, als wäre sie Reportage.

Vom Negativformat abgesehen, hatte McBride es nicht mit Klein-Klein. Er mietete die deutlich größere Hälfte eines Dachgeschosses in der Maximilianstraße 10, schräg gegenüber der Münchner Staatsoper, mit Fenstern zur Straße hin, was die Nordseite war. Auf der Südseite ließ er ein Glasdach einziehen, was zu viel Hitze nach innen brachte. Statt die Schräge zu verhängen, ließ er eine Sprinkleranlage installieren, so dass das Glas ganztägig geflutet wurde. Überflüssige Dachschrägen wurden drinnen mit Rigipswänden kaschiert, was Stauraum brachte. Vorn war ein Raum für Sekretariat und Buchhaltung abgetrennt. Als ständige Beleuchtung waren Studiolichter gegen die Decke gerichtet, die pro Stunde 500 Watt aus der Steckdose zogen. Das eigentliche Atelier, zum Fotografieren vor mehr oder weniger neutralen Hintergründen, lag wie eine Bühne hinten quer. Sein Assistent im Jahr 1971/72, Oswald Baumeister, schätzt, das Studio sei nicht kleiner gewesen als ein Tennisplatz. Das wären also etwa 200 Quadratmeter gewesen. Vielleicht ein bisschen mehr.[120]

McBride war ein eher großer, schmaler, athletischer Mann, der einen Jeansanzug trug und »nach Persil roch«, was seiner

Reinlichkeit geschuldet war. Allerdings mit der Spezialität, unter der Jeans keine Unterhose zu tragen. Er putzte sich auffällig oft die Zähne. In den sechziger Jahren kam er aus Starnberg mit seinem weißen Porsche, ein Frühaufsteher, den es nicht länger als bis sechs Uhr im Bett hielt. In ein kleines Notizbuch skribbelte er mit zeichnerischer Routine Ideen, die später Fotografien wurden. Damit, dass er mit vierzig Jahren schon ziemlich kahl war, kam er nicht zurecht. So wandte er sich an die Maskenbildner der Oper mit der ungewöhnlichen Bitte, ihm eine Perücke zu machen, die Langhaarfrisur seines Assistenten Baumeister als Modell. Die kunstvoll gefertigte Echthaarperücke, oder deren Nachfolgerin, ließ er sich an der Kopfhaut festnähen, wie Julia Heinemann bezeugt.[121]

Für Will McBride bedeutete das Studio Stabilität, weil er auf diese Weise Fotograf bleiben konnte, ohne herumreisen zu müssen. Er hatte ein intuitives und fast unfehlbares Verhältnis zum Szenischen vor dem Objektiv und wie es Bild wird, aber verstand nicht sehr viel von Technik. Er legte fest, wie es aussehen sollte; die Assistenten bauten die Hintergründe, setzten die Lichter, entwickelten Filme und fertigten Vergrößerungen an. Sie bewahrten ihn mit höflichen Anmerkungen vor größeren Fehlern. Er war Dilettant und Genie zugleich. Es konnte nicht genug Aufträge geben, und sie kamen. Beschäftigt wurden ein Studiomanager, ein Buchhalter, eine Sekretärin, mehrere Assistenten und laufend Botendienste; man sagt, dass deren aufgelaufene Rechnungen McBride schließlich in den Konkurs trieben. Aber 1971 hat das Studio, laut »Ossi« Baumeister, noch »richtig gebrummt«. McBride zog die Sache so hoch, wie er konnte – und er ärgerte sich, dass der Medienstar Charles Wilp in Düsseldorf mehr Geld scheffelte als er selbst.

Im Dachboden gab es ein kleineres Atelier gegenüber, wo sogenannte Centerfolds für den *Playboy* fotografiert wurden, Frauenkörper wie Pralinen, auf großen, milchigen Dias festgehalten. In dieser Szene hatte Baumeister als Zwanzigjähriger Geld verdient, bevor er zu McBride wechselte. Dennoch irritierten ihn die großen Abzüge nackter Menschen in McBrides Atelier; er erkannte aber bald, dass dessen Vorstellung von menschlicher Nacktheit nicht schlüpfrig war. McBride verstand, »an gesellschaftlichen Strömen entlang zu fotografieren«, wie der frühere Assistent es zusammenfasst. Er sieht in ihm deshalb einen Vorläufer von Oliviero Toscani, dem radikalen Imagemacher der Firma Benetton.

Im Stockwerk darunter gab es ein weiteres, kleineres Studio, zum selben Unternehmen gehörig, an das sich Julia Heinemann als »Wohnung« erinnert, weil ihr amerikanischer Freund und sie sich dort eine Weile einquartierten. Die ältere Schwester von David – und also ebenfalls Enkelin von Julius Leber – war nach dem Wegzug aus West-Berlin auf eine Klosterschule, später auf die Odenwaldschule geschickt worden. Kaum erwachsen, lief sie in München auf. Will, an den sie sich aus Kindertagen erinnern konnte, verstand sich gut mit ihr; sie schaute sich das Handwerk ab und verdiente später als Studiofotografin ihr Geld; auch in Los Angeles. Zunächst gehörte sie zur Entourage. Es tummelten sich nämlich im Studio weit mehr Leute, als dort arbeiteten; auf dem Foto eines abendlichen Get-togethers finden sich fast fünfzig Personen. Julia und Rocky, ihr Freund, blieben zwar nicht lange genug und erscheinen deshalb nicht als Urmodelle der Menschheit in *Zeig Mal!*. Sie waren aber für McBride gewiss das erste Paar, das er aus der Nähe beobachten konnte und durfte. Die Clique hatte in München die Form einer In-Group angenommen, halb Medienszene, halb Subkultur. McBride hatte gegen Ende der sechziger Jahre das Filmen begonnen und suchte nach Sujets. So kam es, dass Will, Julia und Rocky – wohl in heiterer Stimmung durch einen gemeinsamen Joint – beschlossen, eine Zehnminutenrolle 16-Millimeter-Film zu investieren, um den Liebesakt des Paares zu dokumentieren.

Julia, noch nicht einmal volljährig nach damaligem Gesetz, vermutete das Dokument im Atelier gut gelagert, wurde aber überrascht. Es kam nämlich ein Künstler zu Besuch – sie überlegt noch einmal, nach vierzig Jahren: »Der, der durch diese Bilder von Marilyn Monroe berühmt geworden ist.« In der Tat war es Andy Warhol, der als Filmemacher spezialisiert war auf das reine Gaffen, das Dokument heruntergefahren auf den Nullpunkt des Narrativs. McBride also projizierte für Andy Warhol den Zehnminüter über (oder von) Julia und Rocky, gewissermaßen seine Münchner Superstars. Julia, schockiert, war Zeugin der Vorführung.

Bei dieser Gelegenheit entstanden auch Fotos, quasi Standbilder. Eines hat McBride eingespeist in den Kanon seiner besten Fotografien. Der rohe Charme des Querformats hat zu tun mit der Patina der Verhängung des Hintergrunds und der Schlichtheit des Lichts. Das Paar, sie auf dem Rücken mit den Beinen in der Luft, er kniend, ist kunstvoll verschmolzen; eindeutig und modellhaft zugleich. Ihr linker Fuß schützt sein Gesicht. Das Bild lebt von seiner triebhaften Dynamik, konterkariert durch die exakte Organisation des Bildraums. In der Verkürzung durch Perspektive, was die Anatomie betrifft, macht McBride keine Fehler. Alles ist, als wäre es Alltag, an seinem Platz, wie es soll.[122]

Das Münchner Studio war also weit mehr als ein fotografischer Betrieb. Kein Wunder, denn McBride agierte mit dem Willen eines Künstlers. Es war so etwas wie die Factory, wo das Leben und das Arbeiten im Kollektiv einen Fundus aus Sujets schafften, aus dem ein Meister – ohne allzu viel Rücksicht – künstlerisch schöpfte. Und dieser Meister hieß in New York Warhol und in München McBride.

Pleite und Erfolg Ausführlich hat Will McBride über alles Auskunft gegeben, was er für sein Versagen hielt. Aber er war eher schüchtern darin, seine Erfolge zu bilanzieren. McBride war schließlich nicht nur redaktioneller Fotograf, sondern auch in der Werbung tätig. Er arbeitete mit an einer eindrücklichen Kampagne für die Zigarette Peter Stuyvesant – »Mehr erleben.« – mit der renommierten Werbeagentur G. G. K.: eine Sammlung lichtdurchfluteter Sehnsuchtsorte junger Leute, vom Schiefen Turm zu Pisa bis zu Stonehenge, getextet von Harry Rowohlt. McBride war in den sechziger Jahren gut im Geschäft, betrieb das Studio in München mit Manager, Buchhalter, Sekretär und Assistenten; bekam die Goldmedaille des Art Director's Club für *Zeig Mal!*, fuhr Porsche und besaß ein Haus in der Toskana.

Die Pleite seines Münchner Studios hat er in *I, Will McBride* ansatzweise skizziert, mit einem Vierteljahrhundert Abstand. Er sah die Konsumgüterindustrie um 1972 in einer schweren Krise, die auf die Werbewirtschaft durchschlug – und indirekt auch auf die Magazine. Den »Tod« seines Studios datiert er auf Ende 1973. Womit die Sache noch nicht beigelegt war; zitiert wird ein Brief Barbara Siebecks vom 6. März 1975, in dem es heißt, dass die Polizei ihn suche. Fest steht, dass er *Zeig Mal!* noch in München fotografierte und 1976/77 fast unentwegt auf Reisen war, bis nach Washington, Tokio und Honolulu, für den *stern*, für *GEO* – kurzzeitig war er, um einen »Neuanfang« zu versuchen, nach Hamburg gezogen.

Etwas kurios ist es ja schon, dass *Zeig Mal!* der Indizierung nahe war, die Polizei aber nach McBride suchte, weil es zu viele offene Rechnungen gab. Er selbst war der Meinung, das deutsche Insolvenzrecht räume dem Gescheiterten keine zweite Chance ein: »Die deutschen Gesetze bei Geschäftspleiten rotten dich aus, radieren die Person, die scheitert, von der Erde weg.« Gegen ihn gebe es, glaubte er noch zwanzig Jahre später, »acht bis zehn Zentimeter dicke Ordner, gefüllt mit den Schreien ›Schwindler‹, ›Betrüger‹, ›Krimineller‹«.[123] Nicht unmöglich, dass McBride seine Münchner Studio-Insolvenz im Rückblick etwas aufbauschte, um den Umstand zu verdecken, dass er durch *Zeig Mal!* wieder zu Geld gekommen war; Geld, das er offenbar mitnahm in die Toskana, um das Haus dauerhaft bewohnbar zu machen.[124] Dass die Gläubiger von einem gewissen Erfolg des Buchs gehört hatten und wieder Hoffnung schöpften, ist nicht ausgeschlossen; so würde sich erklären, warum die Polizei ihn noch anderthalb Jahre nach der Insolvenz suchte. Deren Idee, er verstecke sich im Haus Wolfram Siebecks, erscheint auch vierzig Jahre später noch amüsant: Weil dort die Verpflegung so gut war?

Tatsächlich lässt sich das Ende seines fotografischen Studios 1972/73 nicht wirklich mit der wirtschaftlichen Entwicklung erklären. Die westdeutsche Wirtschaft wuchs mit dem Beginn der Ära Brandt nicht mehr so schnell wie vorher, aber sie wuchs. Neu war nur, dass die Inflation so viel höher war als die Rate konjunktureller Steigerung, ein Phänomen, das Wirtschaftsführer vor knifflige Fragen stellte, was die Steuerung des Marktes betraf; man erfand für die Konstellation widerstrebender Kräfte das Kunstwort »Stagflation«.

Wahrscheinlicher ist, dass McBride seine Marke als Werbefotograf nicht entschlossen genug etabliert hatte, als die Konsumgüterkrise auch nur vorsichtig anklopfte. Ein Grund dafür könnte gewesen sein, dass er Werbeaufträge nicht mochte, sondern eben nur mit viel Aufwand und Phantasie erledigte. Er hatte also das Gefühl, sich für etwas leerzupumpen, was ihm nicht lag. Seine Vielseitigkeit war einige Jahre lang als Alleskönnertum durchgegangen. Nach 1970 aber war »Stil« sehr viel weniger angesagt, »Reklame« verdächtig. Gefragt war die populäre Handschrift, eine neue Form selbstironischer – oder medienfeindlicher – Autorschaft, wenn man an die Grübelromane von Peter Handke denkt, die um die Ecke gedachten Filme Alexander Kluges, die konstruiert »authentischen« Songtexte Udo Lindenbergs. Will McBride aber war tief genug in der Branche, um zu begreifen, was wirklich los war, und insofern sind Entwurf (Text) und Ausführung (Studiofotografie) von *Zeig Mal!* exakt sein Programm und seine Antwort, ein profunder Eingriff ins Imaginäre einer Gesellschaft, die sich dem Fortschritt verschrieben hatte. Wie viel Kraft in seinem Menschenbild steckte, sah man in den retrospektiven Bildbänden, die folgten, einer Monographie beim amerikanischen Fotografieverlag Aperture inklusive.[125] Insofern muss man McBrides Pleite relativieren. Offensichtlich hielt er 1972 noch am Münchner Studio mit dem wasserberieselten Glasdach fest; dass *Zeig Mal!* schon vorher fertig fotografiert war, muss als unwahrscheinlich gelten. Dieses Buch wurde sehr intim fotografiert, mit wenigen Personen am Set. Ein brummender Atelierbetrieb mit Sekretariat, Boten und Zufallsbesuchern hätte da wenig geholfen. Insofern könnte man die Stille dieser sexualpädagogischen Empirie als Zeichen einer Warenkrise deuten. Im Hintergrund die »heiteren« Olympischen Spiele und ihre Tragödie um die ermordeten Sportler.

Wirtschaftlich gesehen wäre eine plötzliche Schließung, am Ende einer Erfolgskurve, immer sehr viel besser, als weiter zu produzieren und die Gläubiger einzuschüchtern. Keine Frage, dass McBride sich selbst mit seiner Leica auch in den siebziger Jahren mühelos über Wasser halten konnte. Aber die Verwerfungen aus München hatten ihn lange im Griff. Er sah sich als Gescheiterten, was er vielleicht gar nicht war.

Wer sich als Studiofotograf halten wollte, musste dies als Profession ernst nehmen, sich spezialisieren, Kunden binden, technisch nachrüsten – so wie Reinhard Wolf oder Hans Hansen in Hamburg. Ein Gegenbeispiel wäre, ebenfalls in Hamburg, F.C. Gundlach, vier Jahre älter als McBride, der als junger Fotograf aus Asien berichtete und Stars porträtierte (für *Film und Frau*), und sich schon bald einen Namen als Modefotograf machte. Ein Vertrag mit der Lufthansa brachte ihm globale Bewegungsfreiheit. Dennoch begriff Gundlach, dass die große Zeit eines Fotografen manchmal zehn, aber so gut wie nie mehr als zwanzig Jahre dauert, und begann Ende der sechziger Jahre, Dienstleistungen für Fotografen auf amerikanischem Niveau anzubieten. Er wurde Unternehmer, mietete immer mehr Platz im Bunker 1 auf dem Heiligengeistfeld. Als der Autor dieses Buchs im Herbst 1979 dort sein fotografisches Praktikum machte, bot Gundlachs Photo Professional Service einfach alles, Kameraverkauf, Labors, Mietstudios, einen Buchladen und eine Galerie, mit einem weiteren Betrieb für knifflige Aufgaben wie Farbretuschen. So fotografierte »F.C.« nur noch, wenn er inständig darum gebeten wurde – Titelbilder für die *Brigitte*, zum Beispiel. Während er es sich bereits leisten konnte, pendelnd zwischen Hamburg und New York, eine umfangreiche fotografische Sammlung zum »Bild des Menschen« anzulegen, die später Anlass für die Gründung eines Hauses der Photographie (die nördliche Deichtorhalle in Hamburg) sein sollte. Er stellte 1981 autobiographische Fotos von Will McBride in der PPS.-

Galerie aus und kaufte etliche Vergrößerungen für seine Sammlung, die jetzt in seiner Stiftung liegt, in einem respektablen mehrstöckigen Reihenhaus im Stadtteil Harvestehude.

Zu Lebzeiten kursierten Gerüchte, Will McBride habe Rechte an seinem Werk – oder gar das Archiv seiner Negative – an Sammler veräußert, auch mehrfach; dabei wurde F.C. Gundlach immer wieder genannt. Das ist aber nicht wahr: Der Hamburger Sammler fand McBride widersprüchlich und schwierig, blieb auf Distanz und hat nie von ihm Bildrechte oder Archivmaterial erworben.[126] Tatsächlich ist McBrides Werk weitgehend erhalten, die Negative in Ordnern, die Fotografien in Schachteln. An dem Archiv, das der älteste Sohn Shawn McBride übernommen hat, kann man sehen, dass McBride einen Begriff von seinem Werk hatte, es gut lagerte und nach Standard beschriftete. Wie David Heinemann früh erkannt hatte: Ein Hippie war der nicht. Natürlich war McBride mit der gesellschaftlichen Entwicklung der Fotografie weitergereist und begriff sehr wohl, dass er als fotografischer Künstler für den letzten Abschnitt seines Lebens ein Auskommen haben könnte; dieses investierte er allerdings ohne Skrupel in sein letztes künstlerisches Werk – die Skulpturen –, ohne wirkliche Aussicht, noch einmal im großen Stil erfolgreich sein zu können.

Kartonhaus »Kartonhaus« ist nicht wirklich der Titel dieser Fotografie, die eine Weile lang von McBride rückseitig mit »Hair-Darsteller in Pappkartons, München 1968« beschriftet wurde. Tatsächlich stimmt daran nur die Angabe »München«. In seiner Autobiographie, die – teils – in Jahresschritten gebaut ist, hat McBride das Bild fast dreißig Jahre nach seiner Entstehung auf 1970 datiert und mit einem Text versehen, den er »Weltuntergang« betitelt hat. Damit ist das Bild leichter zu verstehen; es entstand nach dem Abschied von der Familie und vor der Pleite des Studios. Auf Auktionen heißt das Foto manchmal »Das Haus ist voll«; in einem Postkartenbüchlein wurde es »Überbevölkerung« betitelt.[127]

Vor fast schwarzem Hintergrund sind Umzugskartons aufgebaut, elf in unterschiedlichen Formaten. Sie sind zwei-, an der höchsten Stelle dreistöckig aufgestellt und werden von sechzehn Personen bewohnt. Tatsächlich ist ein zwölfter, kleiner Karton in den großen Karton hineingestellt, der sich im Bild oben links befindet. Dadurch wird das Paar darin als getrennt – oder einander entfremdet – dargestellt.

Als der Autor dieses Buchs Will McBride Anfang der neunziger Jahre in Frankfurt besuchte, sagte er, das Foto stelle die Einsamkeit des Menschen dar. Es hat in der Tat eine melancholische Anmutung. Die Fotosession müsste eigentlich ein Spaß gewesen sein: nackt, von unten nach oben, in eine Kartonburg zu kriechen, und zwar so, dass das Ganze nicht zusammenkracht? Die Akteure sind also wirklich Darsteller oder Schauspieler, und die frontale Ansicht aller stellt einen Moment der Ruhe dar, die finale Choreographie.

Von den elf Kartons sind sieben mit einzelnen Figuren besetzt, alle anderen mit jeweils zweien. Am kuriosesten sind die beiden jungen Männer, die einem hochformatigen Karton in der Bildmitte entsteigen wie einer Höhle, die Köpfe eingezogen. Der links hat ein Gipsbein, der rechts, mit seiner runden Nickelbrille, erinnert manche Betrachter dieses Bildes an Rainer Langhans. Aber er ist es nicht.[128]

Was diese jungen Leute zusammengebracht hat, ist nicht ersichtlich: Sie sind nicht Kommune, nicht Schule, nicht Ensemble oder Familie. Der Jüngste mag drei, der Älteste Mitte dreißig sein. Das Licht, von links oben, ist so gesetzt, dass die Figuren, die tief in den Kästen sitzen, in den Schatten nur angedeutet sind: das Kleinkind vor allem und das Mädchen, das McBride unten rechts der Länge nach versteckt hat, so dass nur die Beine herausgucken, die in ihrer diagonalen Ausrichtung die ganze Konstruktion abzustützen scheinen.

Diese Menschen sitzen nicht in Kisten fest. Es gibt eine gewisse Dynamik; sie passen nicht ganz rein, also quellen sie heraus; alle in der unteren Reihe berühren auch den Atelierboden. Das harmonische Paar auf der dritten Ebene wird durch den Mann abgesichert, dessen Hand auf dem Nachbarkarton ruht, während sich das Kleinkind vom Segment darunter mittels seiner linken Hand mit dem Fuß der Frau verbindet. In Sachen weiblicher Nacktheit – der schrillste Modeartikel jener Zeit – ist dieses Arrangement äußerst zurückhaltend, während das männliche Geschlecht gleich in fünf Varianten vorhanden ist. Der behäbige Mann mit dem Schnäuzer (sein Geschlecht, gepresst, wie ein Vogelnest mit drei Eiern) zeigt deutlich an, dass die Grundidee des Bildes nicht ist, jugendliche Schönheit in eine Allegorie zu verpacken, um sie gefällig zu machen. Es geht überhaupt nicht um Schönheit.[129]

Aber um Nacktheit geht es, um einen Naturzustand des Menschen, der ihn an den Nullpunkt seiner Möglichkeiten zurückversetzt. Einsamkeit in Nacktheit wiegt symbolisch schwerer als Einsamkeit in Existenzialistenmode. Außer einigen Ringen, Lederbändern und einer Kette gibt es keine Accessoires, auch keine Requisiten, von den Kartons abgesehen, aber die sind eher Bühnenbild. Niemand raucht. Keiner ist sichtbar tätowiert. Die heller beleuchteten Gliedmaßen bilden die Grafik des Bildes, ein unruhiges Gittersystem mit Lücken. Hinter den Kartons sieht man die Leinwand des Studios, und soweit das Bild im vollen

Format wiedergegeben wird, erahnt man jenseits der Inszenierung den Raum des Ateliers. Dies alles findet auf einer Bühne statt, eine Art Performance, ein Tableau vivant. In der Aufführung von »Einsamkeit« findet die Gruppe zur Gemeinschaft. Alle sind aufeinander angewiesen, um das Equilibrium des Aufbaus zu bewahren. Die Tektonik des Hauses hängt mindestens so sehr von körperlichem Geschick ab wie von der Stabilität der Kartons.

Das Tableau ist im Werk McBrides einzigartig. Alle sind zugleich nackt auf derselben Bühne. Vielleicht keimt aus diesem Bild die Erfindung von *Zeig Mal!*, die das Zusammensein, Zeigen, Staunen, Empörtsein so darstellt, als wäre eine große Truppe beisammen – im großen Projekt dann reine Suggestion. Will McBrides »Kartonhaus« ist zweifellos eine menschliche Metapher, eine Behauptung über die Conditio humana. Die Melancholie der Performance ist in Schwarz getaucht und still. Mit *Zeig Mal!* kommen Bewegung und Sexualität ins Spiel, McBrides Narrativ der Befreiung – vor weißem Grund.

## Von Salem zu Uli

Ein berühmtes Bild zeigt einen siebzehn- oder achtzehnjährigen Jungen, der – Mund offen, Augen geschlossen – sich aus einem Eimerchen Wasser ins Gesicht gießt. In glitzernden Fäden und Tropfen rast es an seinem Körper herunter. Um den Hals trägt er ein Kettchen, an dem ein Herz hängt. Er ist nicht allein. Sechs andere Knaben sind beim gleichen Waschritual zu sehen, das hier, im Morgenlicht eines Internats, nicht zu den Körpergeheimnissen gehört. Soeben über die Waschbeckenkonsolen ist ein Spiegel gezogen, wohl in der vollen Breite des Raums.

Der junge Mann heißt in der *twen*-Reportage Mike.[130] Er ist in der Klosterschule Salem um 6 Uhr 30 geweckt worden, hat mit anderen einen Dauerlauf absolviert, und jetzt wäscht er sich mit kaltem Wasser. Das Ritual ist spartanisch. Die Jungen sind athletisch und vollkommen nackt. Weil an diesem Tag fotografiert wird, geht es etwas lockerer zu. Der Umstand, dass sie gerade dabei sind, Teil einer Reportage zu werden, scheint sie nicht zu kümmern.

Das Internat, gegründet 1919 von Kurt Hahn, ist eine koedukative Reformschule im protestantischen Geist; es gibt sie noch heute. Die Mädchen sind 1962 weit in der Minderzahl. Die Schüler verwalten sich selbst oder kontrollieren sich gegenseitig; wie man es sieht. Sie sollen wissbegierig, aufgeschlossen und ehrlich sein. Sie tragen graue Schuluniformen, die den sozialen Status der Schüler nivellieren sollen, kurze Hosen ganzjährig. Tatsächlich wimmelt es von Kindern der Adligen und Superreichen. Der Schulsport ist Rasenhockey, und der Schulalltag beginnt mit zwei Liedern aus dem Gesangbuch unter einer Stuckdecke im großen Saal des Schlosses, in die kreisrunde, barocke Himmelsgemälde eingelassen sind.

Kurt Hahn, der aus einer jüdischen Fabrikantenfamilie in Berlin stammte, hatte die »Erlebnispädagogik« erfunden, eine Art Selbsterziehung durch Empirie. Die Nazis enthoben ihn seines Amtes; kurz darauf wurde eine British Salem School im schottischen Gordonstoun gegründet. Hahn hatte den ersten Teil seiner Universitätsausbildung in Oxford absolviert, kannte also die Tradition. Tatsächlich sieht das deutsche Salem 1962 englisch aus, in seiner Mischung von uniformierter Kargheit und historischer Opulenz. Auch die Frisuren, kurz, aber nicht mehr so ganz kurz, stammen nicht aus dem Kodex der deutschen Nachkriegszeit.

Die Reportage in *twen* beginnt so: »Als wir unseren Wagen von Salem zurückfuhren, war mein Fotograf und Freund, der

Amerikaner Will McBride, außergewöhnlich schweigsam. Zwei Stunden lang sagte er kaum ein Wort. Dann, plötzlich, beugte er sich zu mir und fragte: ›Kannst du mir nicht eine Möglichkeit sagen, wie ich in meinem Beruf ein reicher Mann werden kann?‹ Ich zuckte die Schultern. ›Warum?‹ ›Ich möchte‹, sagte McBride, ›meine beiden Jungens später nach Salem ins Internat schicken. Keine Schule der Welt hat mich so beeindruckt.‹«[131]

Aus der Reportage – beim Singen, beim Sich-Aufstellen, beim Plaudern von Fenster zu Fenster – schälte sich über die Jahre das Hochformat von Mike im Waschraum heraus. Es fand sich 1999 auf dem Cover einer amerikanischen Monographie zu McBride, die *Coming of Age* heißt, wieder. Der Titel ist im Englischen Redensart und bezeichnet in suggestiver Weise das Erwachsenwerden.

»In den fünfziger Jahren war ich ein schüchterner Beobachter, ich hatte Angst, einem Jungen zu sagen: ›Ich liebe dich‹«, notiert Will McBride 1986 in seinem Fotobuch *Boys*.[132] »Aber heute kann ich beruhigt sagen, daß ich so nicht mehr bin, und so richten sich meine Augen um so mehr auf andere.«

Aber wieso wird eigentlich der Junge zum Symbol? Warum sollte nicht ein Mädchen in genau der gleichen Weise das Geheimnis des kommenden Lebens in sich tragen? Der Junge bleibt, aus der Sicht eines Mannes, eine homosexuelle Wahl. Zur Begründung, ganz im Sinne Walt Whitmans, muss der Lebenszyklus herhalten; der Junge ist für den Mann sein wiedergeborenes Selbst. Dieses Grundgefühl allerdings reicht tiefer als das erotische Begehren, und genau das begriff der Künstler McBride als Fotograf und autobiographischer Schriftsteller. Etwas Ähnliches, eine Art elementarer Identifikation, scheint auch den Maler Balthus bestimmt zu haben – in Bezug auf Mädchen. Nimmt man die Fotos, die David Hamilton oder Jock Sturges von Mädchen gemacht haben, sieht man den Unterschied: Sie betrachten Mädchen am Anfang der Pubertät mit einem gewissen Bedauern als »verbotene Früchte«.[133] Ihre teilweise oder vollkommene Nacktheit schiebt sie nicht zurück in die Kindheit, sondern propelliert sie in ihre Rolle als Objekt, in der sie sich als Frau, so der Subtext, werden bewähren, das heißt zeigen müssen. McBride und Balthus sind den Jungen oder Mädchen viel näher; ihre Bilder bleiben trotz eines gewissen erotischen Glitzerns entwicklungspsychologische Beobachtungen, wenn auch sehr zugespitzt. Bei McBride stimmt das Verhältnis vom Blick auf das Objekt und dessen Alter: Ein Achtjähriger ist wirklich acht; ein Zwölfjähriger zwölf; und ein Achtzehnjähriger fast erwachsen.

Allerdings ist das Alter keine verlässliche Konstante: Ein Vierzehnjähriger in der Suburbia von Detroit 1945 fühlt sich völlig anders als ein Vierzehnjähriger 1974 im toskanischen Casoli. Er sieht anders aus, ist anders genährt, bewegt sich anders. Sogar der Horizont, vor dem er sich bewegt, scheint wie ausgetauscht.

Um McBrides Blick zu verstehen, muss man auch sein Trauma erwähnen, das szenisch vielleicht gering erscheint; aber er erzählt es mehr als vierzig Jahre später – er muss ungefähr elf Jahre alt gewesen sein – so: »In den frühen vierziger Jahren war ich auf der Kunsthochschule und machte einen Mann aus Ton, den ich mit nach Hause nahm. Ich hatte Anatomiebilder und die lebenden Modelle gut studiert. Ich zeigte den Ton-Mann meinem Vater. Er gefiel ihm ziemlich gut, aber die Genitalien irritierten ihn. Er rupfte sie ab und sagte: ›Die müssen nicht sein.‹«[134] Auch Louise Bourgeois führte den verquälten anatomischen Diskurs ihrer Kunstwerke auf ihren Vater zurück, der es für amüsant hielt, bei Tisch die Frauen der Familie als die, denen angeblich ein Penis fehlt, lächerlich zu machen.[135]

»Rockwell liebte die Jungen auch«, heißt es in *Boys* im Absatz davor, »aber er akzeptierte die Normen der Gesellschaft, und er machte schließlich Werbeplakate«; eine überraschende und wenig treffende Denunziation des großen Meisters. »Meine Jungen haben einen Penis und Hoden, sie sind keine Werbeplakate, sondern echte Jungen.«

Und in einem dritten Absatz heißt es: »Nun, mein Vater ist jetzt tot, aber ich habe einen Teil meines Lebens damit verbracht, jenen Penis und jene Hoden wieder anzubringen, ohne die kein Junge ein Junge ist, und ohne die ich nicht ich bin.«

McBrides Vater, ein Banjospieler und Gesellschaftsmensch, war durchaus *role model* für Will, und seine eigenen Fähigkeiten, Menschen zu öffnen, für sich zu gewinnen, zu unterhalten und zu bewirten, stammen aus dieser Linie seiner Familie. Norman Rockwell wird ihm zur Gegenfigur. Es kann kein Zufall sein, dass McBride in *Boys* die beiden vergleicht. Er offenbart auch, was er Rockwell gezeigt hat: Es »waren Selbststudien von mir vor dem Spiegel«, und man darf aus dem Kopf ergänzen: nackt. Der eigene Vater wird also ausgelöscht über die Erinnerung an die symbolische Kastration (am Ton-Mann). Wie sagt der kleine, nackte Junge zu seinem ebenfalls nackten »Vater« in *Zeig Mal!*: »Paß auf, ich hau Dich gleich TOT!«.[136] An die Stelle des Vaters tritt, genau am Beginn des Erwachsenenalters, Rockwell, der den sich selbst suchenden Künstler als solchen entdeckt und gleichzeitig den Jungen – als sexuelles Wesen – im Stillen rehabilitiert. Aber die Zeit dazwischen – Will mit elf und Will mit neunzehn – hinterlässt eine schmerzhafte Lücke, und es braucht dann doch ein ganzes Erwachsenenleben, um die Erniedrigung durch den leiblichen Vater wettzumachen. Falls das überhaupt möglich ist.

Es bleibt biographisch immer ein Zufall, ob man von einer rigiden Gesellschaft in eine permissive wächst oder andersherum. McBride jedenfalls wuchs in eine permissive. Die Rolle des Jungen, in dem McBrides »Ich« sich finden sollte, fiel an Ulrich Hager. Uli stand, wohl mit dreizehn Jahren, zum ersten Mal vor einem aus dunklem Leinentuch improvisierten Hintergrund, ein bleicher Körper mit langen Beinen und einem ziemlich großen Kopf. Mit einer Schnute, mit Augen, die nach innen schauen. In einem Foto, sphinxgleich, zeigt er seine hohe Stirn, in den anderen Bildern trägt er die Haare fast schulterlang mit einem Pony, der beinahe auf die Augenbrauen reicht. Obwohl man seine Rippen sieht, hat er ein kleines bisschen Bauchspeck. Sein Penis zeigt wie ein gestreckter Finger in den Raum. Seine Hände und Füße sind schneller gewachsen als der Rest des Körpers, dem man die Mühen damit anzusehen meint. Auf das dunkle Tuch im Atelier – in Casoli – hat McBride den Kreis gezeichnet, der in ein Quadrat eingepasst ist, der geometrische Entwurf des antiken Architekten Vitruv zur Normung menschlicher Proportionen. Von der doppelten Figur, die Leonardo da Vinci da hineingezeichnet hat – ein bärtiger Athlet! –, übernimmt McBride für Uli die fast geschlossenen Beine, kombiniert jedoch mit den wie zum Flug angehobenen Armen. Im Laufe der Jahre wird sein Körper mehrmals in Gips abgeformt und in Bronze gegossen.

Er verschränkt die Arme hinter dem Rücken, er bläst seinen weißen Bauch auf, er wendet sein sommersprossiges Gesicht ins Licht. So wie er in die Hocke geht, zeichnet er den Umriss einer tropischen Blüte. Er streckt sich im Seitenlicht, schräg in den Fenstersturz geneigt wie ein kursiver Buchstabe. Man sieht ihn in allen Phasen des Fallens, einen Sterbenden simulierend. Seine Arme wachsen ihm zu Schwingen, seine Beine rahmen seinen Körper – ein Frosch auf dem Sprung. Er verkörpert konträre Pole, das Universelle und das Einzigartige; das Pflanzliche und das Animalische; die Unbeholfenheit und die Eleganz.

McBrides Fotografien von Uli Hager profitieren von ihrem medialen Umweg, von ihrer Indirektheit. Selbstverständlich war dem Modell bewusst, das es fotografiert wird. Aber der Junge war kein fotografisches Modell, er sollte nicht aufgehen »in einer schönen Fotografie«. Die Fotostudien dienten als Skizzen, und gerade das Unfertige und Improvisierte, die Träumerei des Modells sind daran so anrührend. McBride betet den Knaben nicht an wie Stefan George, er stilisiert ihn nicht wie Fidus, er begehrt ihn nicht roh wie Allen Ginsberg. Er betrachtet ihn gleichzeitig von außen und von innen, retrospektiv und zukünftig; eine Komplexität der Perspektive, wie man sie vielleicht sonst nur bei dem Hamburger Schriftsteller Hubert Fichte findet, der ebenfalls sich selbst damit meint. Während McBride das Zeichensystem Uli Hager bestaunt und cool dokumentiert, wird dessen Körper voller, kräftiger, männlicher, sexueller. Ein letztes Nacktbild mit etwa neunzehn Jahren im Frankfurter Atelier, Mittelscheitel, Jeansjacke über dem nackten Körper, der Blick nun nicht mehr nach innen gerichtet, sondern in die Kamera, ein Hauch von Ironie darin: »Ja, schau nur, ich kenne das doch, schau mich nur an …« – nicht er, Uli, bedauert das Ende seiner Adoleszenz, sondern der Mann, der ihn begleitet hat.

Im *Coming of Age* radikalisiert McBride seinen Widerstand, findet er ein Bekenntnis im Prozess. Er ahnt die Paradoxie, die darin liegt, das Ephemere zu monumentalisieren (die Adoleszenz in Bronze zu gießen), aber er nimmt sie in Kauf. Der Knabe, der sich seiner Sexualität selbstbewusst versichert, bleibt für Will McBride das Symbol seiner eigenen verpassten ödipalen Rebellion. Mit dem Tod des eigenen Vaters schafft er auch das Idol Norman Rockwell beiseite, den Vater-seiner-Künste. Wie Walt Whitman unterlegt er einer universalistischen Lebensphilosophie ein brennendes Bekenntnis. Das führt, wie bei Whitman, zu einer Verzögerung in der Rezeption des Werks.

Gemessen an Uli wird im Rückblick Mike wieder wichtig. Die Welt von Salem spiegelt noch die von Norman Rockwell, eine Welt der innerlichen Verpflichtung, der Versöhnung im Kollektiv. Persönliche Reife ist in dieser Pädagogik ein Akt der Einsicht; die Chiffre der Provokation ist nicht vorgesehen; das Beste, was man hoffen kann, ist, dass die Versprechen des Tradierten sich einlösen. McBride kehrt das Tableau mit *Zeig Mal!* um, in dem Kinder die Sexualität der Älteren bestaunen, ein schönes Enigma. Er feiert das ödipale Drama als immer wiederkehrende Performance. Deshalb bleibt Uli ein stürzender Krieger, und das große Kriegerdenkmal bleibt Fragment. McBrides fotografisches Werk endet als offenes Kunstwerk, Uli Hagers Figur als dessen Fragezeichen.

Toskana-Fraktion Will McBride hatte das Studio und München aufgegeben, wohnte eine Weile in einer Wohngemeinschaft in Oberpfaffenhofen und zog dann mit Roland, den er in Hamburg aufgegabelt hatte, weiter ins toskanische Casoli. Seine Autobiographie *I, Will McBride*, erschienen 1997, verzeichnet seine Adresse in der »Kommunikationsfabrik«, Schmidtstraße 12, in Frankfurt am Main, obwohl sich Zeitzeugen an Adressen im Westend und in Bockenheim erinnern können. Als die fotografische Institution c/o Berlin ihn 2014/15 mit einer Ausstellung feierte, war er längst zurückgekehrt nach Berlin, das nicht mehr eingemauert war. Am toskanischen Haus aber hielt McBride bis zu seinem Tod fest; das Projekt hat ihn überlebt.

In der Toskana ein Haus zu kaufen erschien den ersten Siedlern aus Westdeutschland keineswegs als Extravaganza. Für die meisten war das Leben dort, auf dem Lande, der beschlagene Spiegel ihres urbanen Lebens zu Haus. Sie begriffen sich als Individualisten und Abenteurer – keineswegs als Kollektiv.

Das änderte sich, als die westdeutschen Italiensiedler plötzlich als »Toskana-Fraktion« bezeichnet wurden. Den Ausdruck brachte Robert Gernhardt, der satirische Dichter, mit »der Wende« – also dem Fall der Berliner Mauer – in Verbindung. Eine Verschiebung in der Wahrnehmung: Linker Hedonismus war eben noch gut gewesen und plötzlich höchst verdächtig. Gernhardt verfasste ein langes »Stück« für *Die Zeit*, das am 21. August 1992 als Feuilletonaufmacher erschien und mit »Toskana-Arbeit« überschrieben war.[137]

Er beginnt mit Vermutungen, wie das Wort »Toskana-Fraktion« aufgekommen sei. Wer es tatsächlich erfand, war nur noch schwer auszumachen, aber im Gebrauch der *Bild-Zeitung* wurde es damals zu einem Schmähwort gegen SPD-nahe Politiker, die noch andere Pläne hatten – oder zu haben schienen –, als Politik zu machen; allen voran Oskar Lafontaine, der sich als gescheiterter Kanzlerkandidat für das Vexierbild eines lüsternen Zweitlebens besonders gut zu eignen schien. Von seiner bevorstehenden Rückkehr an die Spitze der Linken (damals noch PDS) wusste die *Bild-Zeitung* noch nichts und Gernhardt natürlich auch nicht.

Der Dichter schildert ein Zusammentreffen auf der Terrasse seines – toskanischen – Hauses, an einem viel zu kalten Tag in einem gänzlich verregneten Sommer: Das Klischee vom Süden triumphierte als sein Gegenteil. Gernhardt berichtet von den Klagen, die ihm vorgetragen werden, wobei auftreten: die Lehrerin, der Fotograf, die Hausfrau, der Jurist, die Lektorin, der Werber, die Psychologin, der Professor – »alles Toskanadeutsche«.

Er zeichnet ein erstaunliches Selbstbild. Die Toskanadeutschen besitzen dort nämlich keine »Feriendomizile«, sondern höchstens »ein schonend renoviertes Bauernhaus«. Sie wünschen sich »eine Darstellung dessen, was wir Deutschen in den letzten Jahrzehnten in der Toskana geleistet haben«. Man kaufte Höfe, in die es hineinregnete, unter ärmlichsten Bedingungen: »keine Straße, kein Licht, kein Wasser«. Man fand »verwilderte Ölhaine« vor, die, nach einem beißenden Frost 1985, natürlich nicht gerodet, sondern mit ihren eigenen »Wurzeltrieben« erneut gepflanzt wurden. Man rekonstruierte, zum völligen Unverständnis der Ortsansässigen, das kulturelle Erbe, machte sich zum Experten für Natursteinmauern und engagierte sich darüber hinaus im »ständigen Kampf gegen die Überfremdung der genuin toskanischen Küche, ob in Restaurants, ob in Privathaushalten!«. Die italienischen Nachbarn schockten die Bewahrer, indem sie Wein aus Plastikkanistern servierten, in der Weinregion Bierfeste abhielten, und, noch viel schlimmer, im Supermarkt den Zugezogenen erklärten: »Ihr Deutschen habt die Toskana zweimal besetzt, '44 und '64. Der einzige Unterschied: '44 seid ihr schneller wieder abgezogen.« Das war gewiss keine erfreuliche Bilanz, und wenn man bedenkt, dass die Deutschen den Besitz ihrer Häuser als Auftrag zur »Toskana-Arbeit« begriffen – Eigentum verpflichtet –, ahnt man ungefähr, warum sie sich zwischen unverständigen Einheimischen dort und nationaldeutschen Schmähungen hier als vermögende Hedonisten ohne Pflichtgefühl vollständig missverstanden fühlten.

Die Toskana war den Siedlern der sechziger und siebziger Jahre der Inbegriff Italiens, eine schon fast post-agrarische Landschaft, durchsetzt von hochkulturellen Wegzeichen. Die Italiensehnsucht der Deutschen war bereits beschrieben durch Goethes Reise zwei Jahrhunderte zuvor und zielte, über den Hafen Neapels, nach Sizilien. Das Gefühl, in die Antike zurückzureisen, wurde durch die Besuche Roms, Neapels und Taorminas forciert. Dort, in Taormina, war Ende des neunzehnten Jahrhunderts einer der letzten deutschen Künstler angekommen, Wilhelm von Gloeden, der sich darauf spezialisiert hatte, halbnackte und nackte Knaben vor antiken Kulissen und mit antikisierenden Requisiten zu fotografieren, erst nur aus Neigung. Nach neunzehnhundert, als er Geld verdienen musste, mit internationalem Erfolg; einer der ersten »Fotokünstler« überhaupt.

Der Glaube, dass der Süden eine besondere Beziehung zur Homosexualität habe, hatte sogar im komplizierten Prozess der nationalen Einigung Italiens zu einer unterschiedlichen Rechtslage geführt – Strafandrohung im Norden, Straffreiheit in »den beiden sizilianischen Königreichen« des Südens, Neapel eingeschlossen. 1887 aber wurde, ein verspäteter Rückgriff auf den Code Napoléon, eine Verfolgung homosexueller Handlungen aus dem italienischen Strafgesetzbuch komplett gestrichen, mit einem Mindestalter von vierzehn Jahren generell; eine erstaunliche Unvergleichbarkeit in Europa.

Das sagt gewiss nicht viel über die Akzeptanz von Homosexualität in toskanischen Bergdörfern, aber Will McBride wurde mit seinem jungen Lebensgefährten offenbar akzeptiert. Er musste sich nicht deklarieren und tat es auch später nicht. Folgt man McBrides autobiographischer Konstruktion, gibt es in seiner Identität keinen Bruch, beginnend mit dem Zehnjährigen, der in der Aktzeichenklasse in Chicago nackte Männer bewunderte, bis – vertauschte Rollen – zu dem Künstler im Toskanadorf, der sich auf Gemälde und Skulpturen spezialisierte, die einen halbwüchsigen Jungen darstellten. Auf beiläufig gemachten Gesellschaftsfotos erkennt man Uli Hager als beseelten Gast auf dem Anwesen oberhalb von Casoli.

Den Verlust seiner Familie sah McBride als Konsequenz seines Arbeitslebens, das heißt, er war eigentlich seinem Erfolg als Fotograf geschuldet. Ein unbändig reisender Reporter; der Betreiber eines ambitionierten Studios, dem die Polizei die letzten Geldscheine aus der Brieftasche zog; ein erster Aufenthalt in einem »Sanatorium« – bereits 1964 – als Beleg einer gefährdeten Existenz.[138] McBride pendelte zwischen verschiedenen Drogen- und Medikamentenabhängigkeiten; der toskanische Wein siegte, später würde er trocken sein. Das Zottelhaar des Aussteigers war jene Echthaarperücke, die er aus München mitgebracht hatte.

Wie ein richtiger Toskanadeutscher wollte Will McBride in Casoli nicht Ferien machen. Mit dem Kauf 1965 war er Avantgarde: Auf dem Territorium der Renaissance wurde ein Sehnsuchtsort markiert. Aber erst sein Begleiter Roland wusste, beginnend Mitte der siebziger Jahre, den Ort auszudeuten: Er kultivierte das Land, versuchte, von den ortsansässigen Bauern zu lernen. Er wurde also Teil der alternativen Landbewegung, die der Gründung der Grünen vorausging, nur an anderem Ort.

McBride spaltete seine berufliche Existenz. Bald fotografierte er wieder für eine »junge« Zeitschrift, *Due Più*, die bei Mondadori in Mailand erschien. Das Münchner Studio aber entstand noch einmal als Atelier eines Bildhauers in der Toskana – der abgelegene italienische Bauernhof als Antwort auf alle offenen Fragen. Während er an Uli als Modell festhielt, beherbergte er ganze Gruppen junger Menschen, die Söhne mit ihren Freundinnen, David und Julia aus München, Gelegenheitsbekanntschaften, Ausreißer, »Hunderte junger Menschen« in zwanzig Jahren.[139] Merkwürdig, umgeben von einer immer neuen »Clique« kehrte McBride nicht zu der Form fotografischer Intimität zurück, die er selbst erfunden hatte. In der Toskana verliert sich die Spur des Fotografen, der ganze Gefühlslagen Westdeutschlands mit seiner Leica erfunden hatte.

## David Heinemann, Hans Filbinger, die HfG

Rätselhaft bleibt, ob die HfG in Ulm an inneren Widersprüchen oder an politischer Repression gescheitert ist. Der letzte ihrer Prorektoren, der Genfer Architekt Claude Schnaidt, blickte 1975 in einem der HfG gewidmeten Heft der Schweizer Zeitschrift *Archithese* zurück. Er hält fest am Entwurf einer Akademie, die nicht unter Kontrolle des Staates oder der Wirtschaft stehe und die sich weder als Kunstakademie noch als technische Hochschule begreife. Als Vorgänger der HfG sieht er das Bauhaus und die Moskauer »Werkstätten« namens WChUTEMAS, beides Freidenkerschulen der Gestaltung, die fast zeitgleich von totalitären Regierungen geschlossen wurden. Das verschärft natürlich die Frage, wie es nun ausgerechnet im Jahr 1968 zur Schließung der HfG kommen konnte. Schnaidt sieht die Schule als Blase des Eigensinns in einer riesigen Welle der Restauration, die die Bundesrepublik erfasst habe, beginnend mit dem, was er die »Denazifizierung« nennt. Er zitiert den amerikanischen General Clay: »Es scheint, dass der Denazifizierungsprozess vielmehr dazu diente, die grösstmögliche Anzahl von Menschen in ihren ehemaligen Positionen wieder einzusetzen, als die Schuldigen zu bestrafen.«[140] Die HfG »wurzelte in jener unmittelbaren Nachkriegsepoche, während der viele Deutsche versuchten, auf den Trümmern des Dritten Reiches ein neues und demokratisches Deutschland wieder herzustellen. Im Verlaufe der langen und mühsamen Entstehungszeit der Schule (1947-1955) war freilich ein grosser Teil dieser Hoffnungen verflogen.«[141] Im Oktober 1955 wurde der Neubau von Max Bill eröffnet: Das hieße nach Schnaidt, die HfG wäre von Anbeginn eine singuläre Gegenkraft gewesen.

Tatsächlich gab es enorme Kämpfe innerhalb der Hochschule, und wahrscheinlich hat sie ihr Standing in der progressiven Geisteslandschaft der Bundesrepublik ungeheuer geschmälert, indem sie sich von ihren frühen Stichwortgebern wie Hans Werner Richter, Max Bense, Walter Jens und Hans Magnus Enzensberger lossagte. Eine der vier Abteilungen, genannt »Information«, wurde 1954 gegründet – sie »nahm 1962 die letzten beiden Studenten auf«.[142] Das heißt, dass die ideologischen Differenzen quasi auf die Gestalter zurückfielen. Der Urkonflikt des Bauhauses erreichte Ulm in Gestalt von Max Bill und Tomás Maldonado, wobei sich Bill als künstlerischer Schöpfer und Maldonado die Aufgabe der Zukunft im komplex denkenden, sozial bewussten Designer sah. Ihn interessierten die Kybernetik, die Informationstheorie, Systemtheorie, Semiotik, Ergonomie. Indem das Ulmer Modell ein Erfolg wurde – und das kann man bei den regen Kontakten der HfG zur Industrie kaum bestreiten –, erschien es den staatlichen Lenkern, die um die Legitimität ihrer eigenen (biederen) Hochschulen fürchteten, als lästige Konkurrenz. Erst werde rationales Design, glaubte Schnaidt, verunglimpft, dann abserviert. Er beklagt die Folgen, nämlich »fabelhafte Gewinne, die mit dem Absatz des Kitsches erreicht werden«. Sie seien ein Indiz dafür, »warum diese Ulmer Schule liquidiert werden sollte: eine Schule, die darauf aus war, den Gebrauchswert zu erhöhen, dauerhafte Güter zu konzipieren, die Verschwendung zu reduzieren«.[143]

Interessant ist dabei vor allem das Wort »liquidiert«. Am 5. Dezember 1968 – das »Weiße Album« der Beatles war gerade erschienen – proklamierte der Ministerpräsident von Baden-Württemberg: »Wir wollen etwas Neues machen, und dazu bedarf es der Liquidation des Alten!«[144]

Hans Filbinger, Jahrgang 1913 (wie Willy Brandt), war im Dritten Reich Marinerichter gewesen. Mühelos hatte der Jurist hineingefunden in die neu formierte Republik. 1966 wurde er zum Ministerpräsidenten Baden-Württembergs gewählt. 1978, noch immer im selben Amt und zugleich einer der Bundesvorsitzenden der CDU, wurde seine Rolle als Marinerichter von Rolf Hochhuth zum Gegenstand eines Romans gemacht. Filbinger klagte, in Bezug auf bestimmte Formulierungen, auf Unterlassung, war aber nur bedingt erfolgreich. Hochhuth durfte ihn weiter einen »furchtbaren Juristen« und »Hitlers Marinerichter« nennen.

Filbinger, der Mann mit dem »pathologisch guten Gewissen« (so der SPD-Politiker Erhard Eppler), versuchte seine Rolle als Jurist in der Nazizeit zu schönen und leugnete, Todesurteile gegen Soldaten gefällt zu haben. Durch die prekär gewordene Rechtslage wurde der Einblick ins Bundesarchiv möglich, und es stellte sich heraus, dass Hans Filbinger ein sehr viel schlimmerer Jurist gewesen war als angenommen, auch von Hochhuth. Bis dahin war der weitestgehende Vorwurf der gewesen, den *Der Spiegel* am 10. April 1972 gegen Filbinger erhoben hatte. Demnach hatte er, gegen Ende des Krieges, einen aufmüpfigen Marinesoldaten zu einem halben Jahr Gefängnis verurteilt.

Am 20. Juli 1974 fand die jährliche Gedenkveranstaltung für die Verschwörer des 20. Juli 1944 auf Einladung des Berliner Senats im Reichstag statt. Dort sprach Carl Friedrich von Weizsäcker. Unglücklicherweise war Filbinger zu der Zeit Bundesratspräsident. Aus »protokollarischen Gesichtspunkten«[145] hatte man ihm eine zweite Rede in dieser Feierstunde angetragen. Es gab vor, während und nach der Veranstaltung Proteste – Filbinger konnte keine moralische Autorität für sich beanspruchen, an die Opfer des Attentats gegen Hitler zu erinnern. »Als Filbinger geendet hatte, lief ein langhaariger junger Mann im Samtanzug nach vorne, um eine Erklärung zu verlesen: David Heinemann, Enkel von Julius Leber, eines der hingerichteten Mitglieder der Widerstandsbewegung. Ordner und Kriminalbeamte drängten den jungen Mann aus dem Saal, während Filbinger beim eiligen Abgang vom Rednerpodium stolperte und hinfiel.« So wurde über das Ereignis in der *Westfalenpost* berichtet.[146]

Der junge Mann war nicht allein, sondern »flankiert von einem Ende Vierzigjährigen, der auf Grund der Ähnlichkeit ganz offensichtlich sein Vater war«. So hat es Felicitas von Aretin in ihrem Buch über *Die Enkel des 20. Juli 1944* nacherzählt. »Im Gedränge bekam der damalige Ministerpräsident von Baden-Württemberg eine Papiermappe an den Kopf und strauchelte. Sofort stürzten Wächter herbei, die David Heinemann an Armen und Beinen aus dem Saal trugen. Draußen stießen Vater und Sohn Heinemann mit Sekt auf die Rede, den gelungenen Coup, das künstlerische Happening, an und verteilten die Rede des Enkels von Julius Leber an die Presse.«[147]

Fünf Jahre zuvor hatte Will McBride dem Publikum diesen David Heinemann als Propheten vorgestellt. In Sachen Filbinger sollte er recht behalten: Das Straucheln des Ministerpräsidenten im Reichstag ging seinem politischen Sturz um Jahre voraus. Und Filbinger hatte nicht nur die HfG »liquidiert«, sondern (mindestens) einen Marinesoldaten auch.

## Zeig Mal!

*Zeig Mal!* erschien als großformatiges, schwarzweißes Aufklärungsbuch 1974 im Wuppertaler Jugenddienst-Verlag. Herkömmlich blieb es insofern, als es sexuelle Reife, Zeugung und Geburt miteinander verknüpfte, als wäre es einwandfrei verbürgt, dass die menschliche Sexualität aus der Möglichkeit, Mutter und Vater zu werden, ihren Sinn erhalte. Jenseits dieses Deutungskerns stellte das Buch einen Bruch mit sämtlichen Konventionen dar.

Es fängt damit an, dass es Kinder zeigt, die die Geheimnisse der Sexualität selbst in Erfahrung bringen, einen blonden Jungen von sechs oder sieben Jahren, das dunkelblonde Mädchen wohl kaum fünf. Sie sind beide nackt. Das einzige Kleidungsstück im gesamten Bilderzyklus bleibt das kleine weiße Unterhemd des Jungen, sein »Ständer« als Kleiderständer quasi versprachlicht. Der Übergang von Nacktheit und Sexualität wird als fließend dargestellt, ja, die Nacktheit verbindet alle. Die sexuellen Aktivitäten aber werden jeweils dem Lebensalter zugerechnet: ein junger Mann, der onaniert; reifere Mädchen, die sich nackt berühren; ein junges Paar, dem man in der Nahsicht bei der Zeugung des Kindes zuschauen kann.

Fotografiert wurde im Münchner Atelier, der weiße Hintergrund komplett ausgeleuchtet. Es gibt also weder einen Raum noch auch nur die Andeutung eines Interieurs. Manchmal werfen die Körper sanfte Schatten unter sich, in denen man bisweilen das fotografische Korn erkennen kann. Die Überblendung von hinten ist stärker als das matte Licht – wohl Tageslicht – von vorn, so dass die Körper graue Volumen bilden, ohne Zeichnung echter Schwärzen. Um jedes Bild, das im Querformat erscheint, läuft ein Rand, den man bei der Vergrößerung des Negativs hat stehen lassen – nein, das ist nur suggeriert. Tatsächlich ist der schwarze Rahmen im Layout dazugekommen.

Die bildliche Spannung, hergestellt durch Licht und Korn, nimmt den Körpern ihre Schwere, zeichnet sie leicht und sauber, und obwohl Haltungen und Gesten bis ins Detail gestellt sind, wirken die Szenen wie spontan gefunden. Man schaut also frontal auf die Landschaft der Haut, während die Figuren im Gegenlicht nicht rundum durchgezeichnet sind – als wären sie noch im Akt ihrer Schöpfung begriffen. Das fotografische Korn geht eine Verbindung ein mit dem Raster des Offsetdrucks, so dass »Haut« immer auch »Papier« ist, das heißt, die Figuren werden nicht zu Personen, sondern bleiben gedrucktes Beispiel oder nacktes Medium. Diese Kunstgriffe sind die Voraussetzung für die Bilderschau selbst, deren Deutlichkeit gar nicht auszuhalten, wenn sie nicht exemplarisch zu verstehen wäre. Der visuelle Zugang zum Leiblichen ist roh und zärtlich zugleich. Die Botschaft eindeutig: Sexualität ist Liebe, und Liebe ist schön, und die Liebe zeugt das Leben fort.

Die Doppelseiten des Buchs ähneln denen von *twen*; man bricht jedoch mit dem Layout nach Spalten. Die Grafik ist einfacher als die eines Magazins. Über dem doppelseitigen Foto in seinem schmalen schwarzen Rahmen läuft der Text als Fries, unterbrochen von weiteren kleinen Bildern. Diese – ausschließlich Portraits – sind ebenfalls Querformate, die Gesichter gegen das Hintergrundweiß fotografiert und wiederum in schwarzen Rahmen. Sie kommen also als Miniaturen des großen Formats daher. Der Text stammt von Will McBride. Er selbst hat die Idee angeblich in der Silvesternacht 1969 gehabt und aufgeschrieben. Das heißt, der Text ist nicht eine nach oben gestellte »Bildunterschrift«, sondern ein Skript. Das, was man bei einem Film das Drehbuch nennen würde. Das Buch stellt beides dar, das Skript und seine Umsetzung. Daher sein Werkstattcharakter, die kommunikative Offenheit.

Das Narrativ von *Zeig Mal!* entlarvt den Inhalt sexueller Aufklärung, überraschenderweise, als ödipales Drama. Der kleine Junge droht seinem Vater. Das kleine Mädchen ist »eifersüchtig«

auf seine jüngere Schwester. Der Junge erklärt dem Mädchen: »Ich habe aber ein GLIED, und DU hast keins.« Das Mädchen wehrt sich. Beide versuchen sich die Sphäre sexueller Körper und Aktivitäten zu erklären, wobei sie zwei Seiten verkörpern: der Junge findet es »SCHÖN«, das Mädchen neigt zunächst zu »IGITT«. Während die Fotos deutlich zeigen, was Jugendliche und Erwachsene wirklich tun, berichten sich die Kinder, was sie gesehen haben. Am Schluss sind sie Zeugen der Geburt.

Die Kinder, die nicht Geschwister darstellen, dominieren das Skript, sind aber nicht die einzigen Sprecher. Auch die Mama (des Mädchens) kommt zu Wort (»Du brauchst keine Angst zu haben. Erst wenn man groß ist, / schläft man so miteinander«). Immer wieder sieht man die verdrießlichen oder entsetzten Gesichter, die offenbar den Großeltern gehören (etwa Jahrgang 1907): »ENTSETZLICH, was die Kinder heute schon alles wissen dürfen.« Die kleinen Portraits der Kinder – im Fries – zeigen sie entweder als Zuhörende oder als Sprecher. Manchmal gibt es Ambivalenzen; man kann nicht immer mit Sicherheit bestimmen, wer spricht und wer adressiert wird.

Das Skript ist wahrscheinlich verlorengegangen, denn sonst hätte der Fotograf es in sein autobiographisches Scrapbook *I, Will McBride* gewiss aufgenommen. Dass der Text von McBride stammt, ist unbestritten. Auf der Titelseite steht: »Ein Bilderbuch für Kinder und Eltern. Fotografiert und getextet von Will McBride.« Der Textverlauf im Fries zeigt auch McBrides bevorzugten Umgang mit Typographie, den Wechsel von Groß- und Kleinschreibung (nach Duden) zu Versalien, und diese wiederum werden in zwei Schriftgrößen eingesetzt. Dabei ergibt sich die Lebendigkeit einer Wandzeitung.

Darin besteht die Kunstform dieses Buchs, seine intensiven Signale von Gemeinschaft und Universalität. Es muss eine Kunstform sein, weil niemals all diese Akteure an einem Ort gewesen sein können. Niemals haben kleine Kinder im Studio all das gesehen, was im Buch am Ende zu sehen war. Der kleine Junge war nicht mit dem Siebzehnjährigen im Studio; der onanierende Junge nicht mit dem kopulierenden Paar; und auch »die Alten«, die dumme Gesichter machen, haben mit großer Sicherheit überhaupt nichts gesehen. Nur die Figuren, die im Bild zusammen erscheinen, waren auch tatsächlich zur selben Zeit am selben Ort. So der blonde Junge mit dem pubertären Mädchen: ein Bild, das im ersten Indizierungsverfahren gegen *Zeig Mal!* genannt und beschrieben wird.

Es zeigt beide Figuren stehend im Gegenlicht – also auf weißem Grund. Das Mädchen mag zwölf oder dreizehn sein. Es ist größer als der Junge, und von seinem Kopf sieht man nur die Haare, die in den Bildrahmen fallen. Während es also »nur« den Körper darstellt, den weiblichen, ist der Junge ganz Person, mit offenem Mund. Er berührt mit dem Mittelfinger der linken Hand ihre rechte Brustwarze. Seine halbe Erektion zeigt auf ihre rechte Hand, die am unteren Bildrand kühn beschnitten ist. Trotz der Feinzeichnung der Figuren, der an Michelangelo und Rodin geschulten Ausdeutung ihrer jungen Physis, wirkt die Szene unverkrampft und spontan.

Auf der Rückseite der Vergrößerung, die sich im Archiv McBride fand, steht: »Florian Kurz mit seiner Schwester Tina für *Zeig Mal!*, 1972.« Man könnte gegen den Fotografen einwenden, dass er die beiden Akteure zu einer inzestuösen Handlung angeleitet habe. Naheliegender ist, dass hier zwei Kinder – sehr selbstbewusst – sowohl den Witz der Szene als auch die Ausnahme, den Zweck der Illustration, begriffen und auf brillante Weise verkörpert haben.

Die Gesamtwirkung des Buchs entsteht im Nebeneinander

von Bild und Text. Es ist keineswegs so, wie von den Gegnern des Buchs behauptet wird, dass das Buch »zeigt, wie Kinder Erwachsenen beim Sex zusehen«.[148] Es wird nicht gezeigt, sondern suggeriert, indem der Junge berichtet: »Jetzt ist er ganz drin und sein Samen fließt in ihre Scheide.« Entscheidend ist natürlich, ob man Kindern zugesteht, eine Kopulation in »schönen Details« in einem Buch zu betrachten oder nicht. Wenn man sagt, das dürfe sein, bleibt es eine kluge Idee, ein Kind sagen zu lassen, was es zu sehen glaubt; und dessen Empathie mit der ausgesprochenen Angst eines anderen Kindes zu konterkarieren. Wie künstlich dieses Buch über »natürliche Dinge« gebaut ist, wird an einer Stelle des Skripts verraten, indem der Fotograf und Texter das kleine Mädchen sagen lässt: »Ich finde die ganzen Bilder von den Nackten DOOF.« Wie raffiniert, die Jüngste verraten zu lassen, dass es um Bilder geht – nicht um die Wirklichkeit.

Die Siebecks Als Wolfram Siebeck mit achtzig Jahren eine Kulturgeschichte über *Die Deutschen und ihre Küche* veröffentlichte, versah er sie mit einer Widmung »Für Shawn, Robin und Brian«. Die Jungen mit den amerikanischen Vornamen, das waren längst erwachsene Leute, nämlich die Söhne Will McBrides. Sie erlebten 1969 plötzlich die Neugründung ihrer Familie, indem ihre Mutter, Barbara McBride, sie in ein neues, eher prächtiges Haus in Widdersberg am Ammersee brachte, wo ihr Leben einfach weiterging. Erst sicherte sie sich das Sorgerecht, später heiratete sie den Mann, mit dem sie zusammengezogen war. Dieser Mann hieß Wolfram Siebeck.

Im Ruhrgebiet aufgewachsen, als Flakhelfer in Norddeutschland in englische Gefangenschaft geraten, hatte Siebeck keinen leichten Start. Er arbeitete als Gerichtszeichner für die *Westfäli-*

*sche Allgemeine Zeitung*, studierte dann an der Werkkunstschule Wuppertal, und seine wenigen Beiträge in *twen* waren Karikaturen. Die Zeitschrift muss anfangs große Hoffnungen auf ihn gesetzt haben, denn im rotgrundierten Editorial der Januarnummer 1961 wird Wolfram Siebeck mit Fotoportrait und Text vorgestellt, neben dem Schriftsteller Michel del Castillo (der als Kind in ein deutsches Konzentrationslager verschleppt worden war) und dem Fotografen Thomas Höpker. »Seine Mitarbeit an den Bonner Bundespresseball-Almanachen«, heißt es über Siebeck, »trägt alljährlich dazu bei, daß diese Almanache vergnüglicher sind als die dazugehörigen Bundespressebälle. Er hat u. a. Plakate für die Internationalen Oberhausener Kurzfilmfestivals entworfen und soeben in Zagreb (Jugoslawien) seinen ersten eigenen Kurzfilm gezeichnet.«[149] Es folgen zwei weitere Beiträge im Jahr 1962, und danach ist Siebeck in *twen* als Zeichner nicht mehr zu finden. Erst im Februarheft 1969 erscheint er mit einer Doppelseite als journalistischer Koch, mit einem ausführlichen, in ironischem Tonfall verfassten Rezept für Vitello tonnato. »Antipasto ist italienisch und heißt Vorspeise, was bedeutet, daß es sich dabei um etwas Eßbares handelt, wovon man nicht satt wird«, lautet der erste Satz.[150] Wohnte er laut Editorial vom Januar 1961 noch »in der Nähe von Kettwig an der Ruhr«, war er inzwischen in München aufgetaucht, im Jahr 1968 von seiner ersten Frau noch nicht geschieden. Sein Beitrag im Februar 1969 erscheint insofern schicksalhaft, als Will McBride im selben Heft mit zehn Seiten präsent ist, die Darsteller von *Hair* feiernd, allen voran David Heinemann.

Von bundesdeutscher Berühmtheit war Wolfram Siebeck, mit Anfang vierzig, noch einige Jahre entfernt. 1975 portraitierte er den am deutschen Publikum fast verzweifelnden, innovativen Küchenchef Eckart Witzigmann in der *Zeit*.[151] Seine Herkunft als Karikaturist blieb in seiner Küchenkritik spürbar. Er warb entschieden für die Kombination von Genuss und gutem Essen, und es gehört zu seiner kulturellen Agenda, dass er erkannte, wie die Deutschen mit beidem haderten, speziell mit der Einheit beider Seiten. Siebeck versuchte, die Deutschen zu Hedonisten zu machen, indem er immer wieder daran erinnerte, dass gutes Essen auch gutes Geld kosten darf. Seine Feindbilder waren die Essensindustrien, amerikanisches Fastfood und die Gefrierregale deutscher Supermärkte. Sein Standpunkt war nicht im Kern alternativ, aber die Wiederentdeckung einer natürlichen – oder »organischen« – Landwirtschaft und artgerechter Tierhaltung passte exakt in seine Kampagne. Er machte seinen Lesern drastisch bewusst, dass es auf die Zutaten ankam; selbst den Knoblauch hatte er im Verdacht, durch Massenproduktion seinen ureigenen Geschmack eingebüßt zu haben. Siebeck warb für die Wiederentdeckung seltener Rübchen, die dann bald nicht mehr so selten waren: In »Westdeutschland wurde das aus dem Kraut der Weißen Mairübe zubereitete Stielmus von Dieter Kaufmann, einem der prominenten, älteren Küchenchefs, wiederentdeckt«,[152] stellte er im Rückblick mit Genugtuung fest. Er schwärmte für gutes Fleisch und verteidigte emphatisch Innereien, »Köstlichkeiten wie Kalbsnieren, Kalbshirn und Kalbsbries«.[153]

Inzwischen Kolumnist beim *Zeit Magazin*, tanzte Siebeck auf einem hohen Seil. Er wollte das Regionale stärken, war aber hingerissen von der Nouvelle cuisine; er wollte den Zugang von Laien – bis zum Ende schrieb er, als wäre nichts passiert, von der »deutschen Hausfrau« – zum Fachwissen stärken, beeindruckte aber seine Leser und Leserinnen mit Abenteuerberichten aus Sterneküchen. Er lobte seine berühmten Köche und tadelte sie für ihre aufgeblasenen Kochbücher. Er legte sich mit der ganzen Nation an, während er unausweichlich in die Rolle des Gourmetpapstes schlüpfte, der immer ein bisschen weiter sah als bis zum Speiseplan, zur Speisekarte, zur Deklaration der Zutaten. Die spezielle Verehrung, die ihm zuwuchs, wussten Max Goldt und Gerd Pasemann in einem Sprechgesang zu persiflieren, der 1982 locker mit der Neuen Deutschen Welle näselte: »Ach der Wolfram Siebeck, der hat ja so recht.« Wie zuvor bei Walt Whitman oder Jean-Jacques Rousseau blieb auch an Wolfram Siebeck die pädagogische Umtriebigkeit kurios, in der merkwürdigerweise die eigenen Entdeckungen mit dem, was dem ganzen Volk täglich fehlte, zwingend in eins fielen. Die Wirkung jedenfalls war immens.

Scheidungen waren um 1969 herum weder Rarität noch Skandal, aber das neue Zusammenfügen von Familien war noch nicht eingeübt. Die siebziger Jahre wurden das Jahrzehnt der »alleinerziehenden Mütter«. Insofern war die neue Siebeck-Familie mit den drei McBride-Söhnen gesellschaftliche Avantgarde.

Kurioserweise hatte Wolfram Siebeck bereits im Juniheft 1962, in *twen*, eine Satire auf alternative Familienentwürfe gezeichnet und geschrieben. Die Zeichnungen – so etwas wie Setzkästen, vollgestopft mit Nussknackermännchen – bleiben, vom satirischen Standpunkt her, etwas blass, aber der Text, überschrieben »Sind Sie mit Ihrer alten Familie zufrieden?«, hat es in sich. Darin ist die moderne Familie nämlich nicht gewachsen, sondern montiert, und die Bedienungsanleitung klingt nach Möbeln zum Selberbauen: »Es kommt nicht darauf an, wer das ist, sondern wie es aussieht«, lautet der erste Satz. Die neue Familie beschreibt sich also am besten mit den Mitteln der Designkritik, und genau das wird in diesem Artikel gnadenlos durchexerziert. »Das Entscheidende ist so zu tun, daß die Form gewahrt bleibt. Nur die gute Form weist die intakte Familie aus. Ehebrecher, Meineidige und Mitläufer gibt es in fast jeder Familie. Aber nur dort, wo die Form der Familie vor dem Auge des kritischen Stilisten besteht, können wir von einer modernen Familie sprechen.« Die »gute Form« ist ein entscheidendes Stichwort jener Zeit, aus der Schweiz von Max Bill mitgebracht an die HfG Ulm.

Siebeck elaboriert das Modell der Familie als Ware: »Die Jugend will nicht warten, bis diese Gemeinschaft komplett ist bis zur letzten Schwiegermutter. Das System der Ratenzahlung und die Möglichkeiten, gebrauchte Familienmitglieder in Zahlung zu geben, schufen eine moderne Form des Zusammenlebens. Doch die Vielzahl der angebotenen Typen erschwert den Überblick und verwirrt die jungen Menschen. So findet man in vielen Familien Biedermeierväter neben Bauhaustöchtern, internationale Knollsöhne zwischen barocken Müttern und worpsweder Tanten.« Ja, hätte Siebeck ahnen können, dass er von einer Worpsweder Verwandtschaft nur noch wenige Jahre entfernt war?

In den Bildunterschriften zu den Zeichnungen, die »Systembaukästen« für Familien darstellen sollen, wird die Sache noch zugespitzt, sogar das Kochrezept gestreift: »Die große ›twen-Anbaufamilie‹, der 8er Satz. Mit Telefon und Transistor. Geschlecht nach Wunsch. Nur Erwachsene! – Kinder durch die vorteilhafte ›Instant-Kind‹-Packung in nur 5 Minuten lediglich durch Wasserzusatz (1 Liter auf 1 Eßlöffel ›Instant-Kind‹). – Auch als 3er und 4er Programm lieferbar. Nach Entnahme der einzelnen Familienteile aus dem Kasten sind diese sofort montagefertig. Kein Einweichen nötig!«[154]

Und so geschah es im Laufe des Jahres 1969: Will McBride wurde in Zahlung gegeben und die Familie im Fünferpack instant montiert. Dies war der zweite Mann, den Barbara McBride heiratete und als Barbara Siebeck in seine Berühmtheit begleitete. Während er sich als Zeichner am Fußball und am Klavierspiel versucht hatte – und an der Familie –, wuchs er als Autor über das Essen in seine volle Form. Als die drei Söhne aus dem Haus waren, begannen die kostenintensiven Feinkostreisen zu den berühmten europäischen Restaurants, Siebeck begleitet von Barbara, ihrer roten Handtasche und ihrer Polaroidkamera, deren Aufgabe es wurde, Siebeck bei Tisch und ohne Kopf abzubilden, später in einem halbwegs satirischen Coffeetablebuch namens *Die Siebeck* gesammelt.[155]

Laut Barbara Siebeck hatte sich der Gourmetgatte von der italienischen Küche abgewandt, weil sie sich nicht weiterentwickle, gefangen in ihrer Tradition. Das war bei der französischen Küche anders. Die Siebecks zogen in der Nähe des südbadischen Lahr auf die Burg Mahlberg, eine Erhebung, auf der aber keine Burg, sondern ein Schloss steht. Die Wohnung auf zwei Etagen ist geräumig und hat bei weitem mehr Licht, als man es in einem derart soliden Gemäuer für möglich halten könnte. Von Knoll International kann wirklich keine Rede sein, die Stilmöbel haben Stil, und die Kunstwerke an den Wänden, noch aus Barbaras Zeit als Galeristin in Starnberg, sind alle noch gegenständlich, Informel und Minimal nicht einmal am Horizont. Die Aussicht vom Schlossgarten ins Markgräflerland ist gut.

Barbara Siebeck ist schmal, selbstbewusst, zugleich mütterlich und auf der Lauer. Die Interviewfragen, die für anderthalb Stunden reichen sollten, bringen uns über gut dreißig Minuten. Sie antwortet schnell, kurz und entschieden, sie fabuliert nicht, und sie schmückt nicht aus. Dass sie die Werke von Marcel Proust durchgelesen hat, merkt man ihr nicht an. Sie glaubt, dass das Bild von ihr als Schwangerer deshalb skandalös war, weil Schwangerschaft in den fünfziger Jahren noch als peinlich galt. Sie fügt dem Bild insofern eine interessante Deutung zu, als sie sagt, sie trage deshalb einen schwarzen Pullover bis in die offenen Jeans, weil der nackte Bauch einer Schwangeren »hässlich« sei. Der überraschendste Moment der Begegnung: als der Autor dieses Buchs sie nach dem Entstehen von *Zeig Mal!* fragt und Frau Siebeck antwortet, sie habe das Buch nie gesehen. Der Autor hat es natürlich in seinem Rucksack. Sie blättert es durch und fragt sich gelegentlich, ob man auf manchen Bildern ihre Söhne sehe, um zu dem Schluss zu kommen, dass damals »alle Kinder gleich aussahen«. Sie beharrt darauf, *Zeig Mal!* nicht zu kennen, und man kann ihr ansehen, dass ihr die Eindeutigkeit mancher Bilder nicht besonders lieb ist. Aber hat ihr Will denn sein Hauptwerk nicht stolz gezeigt? »Vielleicht hat er es geschickt, Siebeck hat es aufgemacht und gleich in den Müll geworfen«, vermutet sie. Zufällig ist Jason bei seiner Großmutter zu Besuch, der Sohn Shawn McBrides; Shawn, mit dem Barbara schwanger war, als das bald darauf berühmte Bild entstand. Jason kennt *Zeig Mal!* sehr wohl. Er sagt, er habe je ein Exemplar der Bücher seines Großvaters, Will McBride, in seinem Zimmer – auf dem mecklenburgischen Gutshof, von dem aus sein Vater Shawn den gesamten künstlerischen Nachlass McBrides verwaltet.

Barbara Siebeck gehört nicht zu den Leuten, die ihr Schicksal groß befragen. Sie ist gefestigt durch ihre Worpsweder Herkunft; dass sie so ungefähr drei Väter hatte, stört dabei gar nicht. Sie war von McBride per Zufall als Modell entdeckt worden, im noch offenen West-Berlin, und von seinem MG-Sportwagen schwer beeindruckt. Sie wurde Teil seiner designten Clique; sie war vor seiner Kamera immer Barbara und immer herausgeputzt in einer Rolle; sie wurde Mutter und Hausfrau – zunächst –, ohne sich zu wundern. Kaum hatte sie erkannt, Will McBrides Launen nicht gewachsen zu sein, wählte sie die Exit-Option; mit Siebeck, drei Jahre älter als McBride, begann sie von vorn. Sie verließ McBride als stilprägenden Fotografen der deutschen Medienszene; sie räumte Siebeck Platz ein, um sich als Autor zu finden. Sie wechselte von einem Medium zum anderen und ließ die Jungen, wo sie waren, am Tisch der Familie.

Sieht man McBride und Siebeck als Medien, ergibt sich eine erstaunliche Dichotomie. McBride war suchend, erfinderisch, getrieben. Er protokollierte lieber eine Idee als ein Ereignis. Siebeck war ausgeglichen, umsichtig und kritisch. Er fädelte sich in die Kulturgeschichte ein und gab ihr eine Deutung mit. McBride war Künstler und Siebeck Kritiker. McBride blieb in den Medien ein Fremder; Siebeck ging in seiner medialen Rolle auf. McBride war apollinisch und in seinem Selbst gezaust; Siebeck war sarkastisch, aber sicher in seiner Rolle als Patriarch. McBride war am Ende eine bundesrepublikanische Legende; Siebeck war ein bundesdeutsches Markenzeichen geworden. McBride starb 2015; Siebeck 2016.

Nehmen wir den weißen Teller der *nouvelle cuisine* und das leicht schillernde Gericht darauf, den besseren Wein dazu, das Tischtuch, das silberne Besteck. Ein Herr im Dreiteiler mit Bart; sein Leibesumfang gibt eine Ahnung von den Verpflichtungen seines Berufs. Jetzt kommt alles zusammen, im Gasthof das Höfische, im Wein die Tradition, in der Küche die Frische des Gedankens, im Kenner der Sinn für die Unterscheidung. Kein Bissen, den er zu sich nimmt, der nicht ein Satz werden könnte. Er hat die halbe Republik dazu gebracht zu genießen; jetzt kaut er auf dem Diskurs und findet, dass er nicht ganz gar sei. Er fügt einen spitzen Gedanken dazu. Das ist Wolfram Siebeck, und er hat recht.

Hier ist das weiße Studio. Da sind zwei kleine Kinder mit halblangen Frisuren, reiner Haut und frohem Gemüt. Sie spielen *Zeig mal!*, sie spielen mit. Sie sind splitternackt wie der Ursprung und wie die Reinheit der Utopie. Mit ihnen beginnt eine Erzählung, in der die sexuelle Vereinigung ihren angemessenen Platz haben wird. Was von ihnen abgefallen ist: Klasse, Rang, Dünkel. Wenn sie sich selbst finden, sind sie frei; wenn sie frei sein dürfen, finden sie sich selbst. Wichtiger, als was man gewinnt, ist das, was man abwirft. Der Fotograf im Studio ist der Erfinder dieser Welt, die seine Vision ist. Das ist Will McBride.

Einsamkeit und Freiheit Kein Zweifel, Will McBride war als Soldat gekommen. Über die Situation, nach Deutschland abkommandiert zu werden, hat er mehrmals geschrieben, und er hat seine Rolle dabei ganz unterschiedlich gewichtet, ja, sein Schicksal – was Westdeutschland betrifft – gelegentlich umgedeutet. Dabei blieb Korea der Antipode, das berühmte andere, geteilte Land der Welt (noch jetzt). In seinem ersten autobiographischen Bericht heißt es: »Und als ich mein Examen am College machte, war der nächste Krieg schon vorbei, der in Korea, und so wurde ich, als ich zur Armee mußte, nach Europa geschickt, nach Deutschland …«

Die Reise und die Ankunft in diesem Bericht – vielleicht nicht verfasst, aber gewiss publiziert dreißig Jahre später – verliefen so: »Im Februar 1953 fuhr ein kleiner Truppentransporter von New York an der Freiheitsstatue vorbei über den großen Ozean und kam zwei Wochen später nach einer eisigen Überfahrt während der Nacht in Bremerhaven an, wo wir uns in der bitteren Kälte aufstellen mußten. Ich suchte ungeduldig nach den ersten Zeichen Europas, nach seiner romantischen Vergangenheit, nach der ersten Burgmauer und dem ersten Pferdefuhrwerk meiner europäischen Träume.« Aber: »Am Morgen fuhren wir an Dörfern vorbei und sahen kleine graue Menschen, in dunkle Mäntel gekleidet, in dunkle Schals gehüllt, die kleine graue Autos fuhren. Ich war sofort gefangen von diesen Grautönen, die ich in meinem übermäßig glitzernden Heimatland nie gesehen hatte.«[156]

In einem anderen Buch, nur drei Jahre später, gibt er seine Situation als Zwanzigjähriger in Amerika so wieder: »Ich war unsagbar glücklich in New York, da ich bei Lehrern zeichnen durfte, die es übergenau nahmen. Dann trat Amerika in den Krieg gegen Korea ein. Ich war kurz davor, eingezogen zu werden, und da ich vorzog, zu leben statt zu sterben, ging ich an die Universität zurück – diesmal die Syracuse University, an der ich Kunstgeschichte, Zeichnen, Malen und Illustration studierte. Ich bekam gleichzeitig eine Ausbildung als Armeeoffizier und war dadurch eine Zeitlang vom Kriegsdienst in Korea befreit. Viele meiner Klassenkameraden aus der Highschool starben in diesem Krieg. Später verließ ich das College, der Krieg war vorbei, und ich wurde nach Deutschland versetzt.«[157]

Dass Will McBride ankam und in seiner Armee diente, steht fest. Aber wie genau kam er nach Deutschland? In seiner Autobiographie, wiederum elf Jahre später, heißt es: »Als wir an einem späten Sommernachmittag in Fort Benning, Georgia, rausgingen, reihten sich alle zur Parade auf, um zu erfahren, wer aufgerufen würde. Die Genannten mußten nach Korea gehen, alle anderen wie ich nach Westdeutschland. Ich war verdammt froh.« Mit sechsundsechzig Jahren schildert er nun auch seine Perspektive auf die Armee: »Es war wie ein riesengroßes Spiel. Rings um mich gab es einige wundervolle junge Männer und ein paar sehr nette alte Soldaten. Ich mochte die Gemeinschaft in der Armee und fühlte mich sehr sicher – besonders als brandneuer Oberleutnant.«[158]

Die Verschiebung in der Erinnerung ist insofern signifikant, als er der früheren Notiz zufolge ohnehin nach Deutschland geschickt werden sollte, während es in der späteren Notiz wie russisches Roulette erscheint: Die einen werden in die Hölle eines endenden Krieges geschickt, der bereits Millionen von Opfern gefordert hat, die anderen dürfen nach Deutschland. Sehr wirkungsvoll auch, den Ruf »stumm« sein zu lassen; wer nach Deutschland kommt, wird nicht aufgerufen. In Würzburg stationiert zu werden ist so weit weg von einem Drama, wie es irgend nur sein kann.

Nach Deutschland zu kommen wird also in der großen Autobiographie ein Geschenk zum Leben. Zu gern wäre McBride noch weiter gereist und Siddhartha geworden. Dennoch, die Figur ist die Erfindung eines Schriftstellers, der im Schwarzwald geboren wurde.

Siddhartha ist jemand, der von zu Hause weggeht; alles, was weltlich ist, bekommt; eine Erweckung erlebt und sich schließlich im Verzicht einrichtet. So jemand wäre der Junge aus dem Mittleren Westen, der sich in Deutschland wiederfand – und von dort aus die Toskana entdeckte –, gern geworden. Aber das Protokoll seiner Indienreise zeigt, dass Will McBride ein von der visuellen Produktion Besessener war, ein Medienstar am Rande des Nervenzusammenbruchs, weit entfernt von dem Gedanken, wirklich einmal den »Westen-in-sich« auszuknipsen. Er wollte alles, und die ersten fünfzehn Jahre seines Erwachsenenlebens lesen sich wie Wirtschaftswunder im Groschenroman: Auto und Flugzeug; Familie und Studio; Pleite und Bestseller. Selbst das toskanische Jahrzehnt brachte ihm den Aufstieg in den Rang eines Art Directors und einen geradezu erschreckenden globalen Reiseplan.[159] McBride hatte seine Kindheit und Jugend als Puritaner verbracht, eingekeilt zwischen der Jovialität seines Vaters und der Ängstlichkeit seiner Mutter. Den Rest seines Lebens verbrachte er damit, sich selbst zu entdecken, die Repression zu überwinden – und das liberale bis libertäre Terrain, auf dem er sich bewegte, künstlerisch abzusichern. Zwei ihm sehr kostbare Symbole eines geglückten Lebens gehen unterwegs verloren: die Familie und das Studio.

Will McBride blieb nicht in Deutschland, um Deutscher zu werden. Ganz im Gegenteil, er installierte sich hier als Amerikaner – eine transatlantische Mission. Er war vielleicht so etwas wie ein Kalter Krieger mit warmem Herzen; ein sensibler Mann mit stechenden Augen; ein Bilderproduzent, der nicht aufhörte, seine Erfolgsrolle für gering zu erachten. Er wollte auf jeden Fall etwas anderes sein, als er war, und bestand dennoch darauf, sich selbst zu finden. Finden zu sollen und zu müssen. Der Modus der Suche hat sich in das fotografische Korn seiner Bilder eingeschrieben. Deshalb wirken sie so lebendig.

Die Beatles, der Anleitung zur Innerlichkeit überdrüssig, packten in Indien ihre Sachen, flogen zurück nach London und spielten dort sehr bald *The Beatles* ein, also das »Weiße Album«. Das bleibt in der Tat ein Vorteil von Musikern überhaupt, dass sie große Sprünge machen können, wenn sie ihre Gefühle mit anderen teilen. Auch Will McBrides Wurzel in West-Berlin war die Musik, und er spielte auf einem herrlichen Banjo seines Vaters, bis er es irgendwann vor Wut zertrümmerte.

Der Musiker individualisiert seine Erfahrung und spiegelt sie über das Werk in die Gesellschaft zurück. Das Studio des Musikers ist ein erweitertes Ich, im idealen Fall. Das Studio des Fotografen bleibt offen zur Welt, zur Gesellschaft, ist verwoben mit dem Spiel der anderen. Bevor sein Studio unterging, wurde sich McBride der schöpferischen Option bewusst und ließ »Kinder und Eltern« ihre Körper entdecken, ihre Freiheit, die Schönheit des Augenblicks nach 1968. *Zeig Mal!* war sein »Weißes Album«, die psychosexuelle Explikation der sozialliberalen Bundesrepublik vor dem Hintergrund von Ulm. Viel weiter hat sich in

Deutschland niemand vorgewagt. Es ist zwingend, dass der Fotograf bei aller Einfühlung in andere Menschen – auch nackte Menschen – in gewisser Weise einsam blieb. Deshalb hat Will McBride versucht, der Fotografie zu entkommen.

Sein fotografisches Werk jedoch wurde Zeugnis einer geglückten – oder auch nur glücklichen – transatlantischen Mission. In Will McBrides Fotografien stellen die Deutschen dar, was Freiheit bedeutet. Er hinterlässt den Deutschen eine Botschaft. Ausgerechnet ein Puritaner zeigt uns ohne Schuld.

# Anmerkungen

1 Will McBride, *Foto-Tagebuch 1953-1961*, Berlin 1982, S. 22.
2 Ebd., S. 42 und 46.
3 Will McBride, *I, Will McBride*, Köln 1997, S. 178.
4 McBride, *Foto-Tagebuch*, S. 130.
5 Martin Kippenberger, *Das Medium der Fotografie ist berechtigt, Denkanstöße zu geben*, Siebdruck, Hamburg 1989.
6 »Mir kam es so vor, als ob ich in Gestalt von Barbara ganz Europa geheiratet hätte und zweitausend Jahre Tradition.« McBride, *Foto-Tagebuch*, S. 112.
7 Thilo Koenig, *Will McBride. 40 Jahre Fotografie*, Schaffhausen 1992, S. 160 und 177. Bevor *twen* im Oktober 1961 eine Monatszeitschrift wurde, leistete sie sich juristische Scharmützel mit westdeutschen Jugendverbänden. Es gelang, dem Präsidenten des Bayrischen Jugendrings, Arthur Bader, vom Landgericht München untersagen zu lassen zu verbreiten, dass *twen* »gefährlicher sei als ein Dutzend Aktmagazine«. Die Entscheidung wurde vom Oberlandesgericht München wieder aufgehoben. Die erwünschte Wirkung trat ein: *Der Spiegel* berichtete, und *twen* wurde in seiner Einzigartigkeit gewürdigt, »eine Zeitschrift«, »die auf dem deutschen Pressemarkt so schnell aufblühte wie sonst kaum eine Neuerscheinung der letzten Jahre«. Barbara McBride wird erwähnt als »Hochschwangere mit einem Pulli und einer klaffenden Nietenhose«. Auch Willy Fleckhaus' Name wird genannt. *Der Spiegel* (32) 1961, S. 59 und 60.
8 Frauke Berchtig, *Künstlerkolonie Worpswede*, Berlin 2015, S. 37.
9 Aus einem Brief an Carl Hauptmann: »Ich habe mich ganz in Otto Modersohns Hände gelegt und habe 5 Jahre gebraucht, um wieder frei davon zu werden. Ich habe 5 Jahre neben ihm gelebt, ohne daß er mich zu seiner Frau machte, das war Tierquälerei.« Günter Busch und Liselotte von Reinken (Hg.), *Paula Modersohn-Becker. In Briefen und Tagebüchern*, Frankfurt am Main, 2007.
10 Gespräch mit Barbara Siebeck am 17. August 2018.
11 McBride, *I, Will McBride*, S. 132.
12 Michael Koetzle, *Will McBride*, Schaffhausen 1992, S. 141-153. Im Impressum stand allerdings als »Quick-Reporter« auch »W. McBride«, der einzige feste Vertrag, den er mit einer Zeitschrift jemals hatte; für die »Grafische Beratung« wurde »W. Fleckhaus« genannt. *Quick* (27) 1963, S. 55.
13 McBride, *I, Will McBride*, S. 222.
14 Will McBride, Hans-Werner Graf Finck von Finckenstein, *Adenauer. Ein Porträt*, Starnberg 1965, S. 113.
15 Ebd., S. 119.
16 Der Autor dieses Buchs merkt an dieser Stelle an, dass die Beerdigung Adenauers das Erste war, das er überhaupt im Fernsehen gesehen hat – oder woran er sich erinnern kann. Nicht im Hause der Eltern; mit acht Jahren.
17 McBride, *I, Will McBride*, S. 230/231.
18 Ebd., S. 18.
19 Aus dem Urlaub in Cadenabbia berichtet seine Sekretärin im Bundeskanzleramt: »… ein ausgelassener, fröhlicher Konrad Adenauer, der morgens beim Frühstück einer seiner Töchter die Schale eines leeren Eies ins Gesicht blies und sich spitzbübisch freute, wenn sie getroffen hatte«, in: Anneliese Poppinga, *Meine Erinnerungen an Konrad Adenauer*, Stuttgart 1970, S. 32.

20 McBride, *I, Will McBride*, S. 18.

21 Willy Fleckhaus war bereits als Junge ein unsportlicher Nonkonformist. Sein Vater bestand auf dem Schulbesuch, Gymnasium zuerst, offenbar in Velbert, dann Realschule in Heiligenhaus, dann Privatschule in Wuppertal. Zur Konfrontation mit einem Nazilehrer kam es im Deutschunterricht in der Realschule, laut Zeugnis der Schwester Anneliese Moecke. Michael Koetzle, *Fleckhaus. Deutschlands erster Art Director*, München, Berlin 1997, S. 16.

22 *Der Fährmann* (11) 1948, S. 25.

23 Hans Magnus Enzensberger, *Einzelheiten I, Bewußtseins-Industrie*, Frankfurt am Main 1964, S. 136.

24 Will McBride, Uwe Seidel, *Das hohe Lied: Liebesgedichte übertragen aus dem Alten Testament*, Offenbach, 1985.

25 Michael W. Wolff, *Die Währungsreform in Berlin 1948/49. Veröffentlichungen der Historischen Kommission zu Berlin*, Bd. 77, Berlin, New York 1991, S. 3.
Siehe auch: Karl Heinz Roth, »Das Ende eines Mythos. Ludwig Erhard und der Übergang der deutschen Wirtschaft von der Annexions- zur Nachkriegsplanung (1939 bis 1945). 1. Teil: 1939 bis 1943«, in: *1999. Zeitschrift für Sozialgeschichte des 20. und 21. Jahrhunderts*, (4) 1995, S. 53-93, »2. Teil: 1943 bis 1945«, in: (1) 1998, S. 92-123.

26 Motive beschrieben nach der ersten Bildstrecke in: Will McBride, *Adenauer und seine Kinder. Fotografien von 1956-1968*, Berlin 1994.

27 McBrides Fotografie, betitelt: »Berlin – Sektorengrenze an der Kochstraße, 1961«, im Katalog Grisebach, Auktion 298, Los 2073, Versteigerung vom 26. Oktober 2018.

28 Tatsächlich existiert ein Buch-Dummy, der die Geburt des ersten Sohnes mit einschließt, also wahrscheinlich geklebt in den frühen sechziger Jahren. Die Bilder erscheinen dort in diversen Formaten, beschnitten; der »großzügige« Einfluss von Willy Fleckhaus ist noch nicht spürbar. Siehe: Nachlass Will McBride bei Shawn McBride.

29 McBride, *Foto-Tagebuch*, S. 162.

30 Will McBride, *Mein Italien*, München 2003, S. 35.

31 McBride, *I, Will McBride*, S. 74.
Tatsächlich gibt es deutliche Sprünge von Will McBrides erstem großen Foto- und Textbuch, 1983, zu seiner Autobiographie fünfzehn Jahre später. Im *Foto-Tagebuch*, S. 42 und 46, lautet die Jeansstelle: »Zieh die ausgefransten engen Hosen der Cowboys an, Jan. Geh unter die Dusche, damit sie einlaufen und Farbe verlieren. Vergiß das braune Hemd und die braune Armbinde mit den krummen eckigen Zeichen. Zieh das hier an. Hier, dein Pullover, ein paar Nummern zu groß, lässig und bequem.« In *I, Will McBride* lautet die Stelle so: »Laß die Lederhosen fallen, hübscher Hitlerjunge, und zieh' jene ausgefransten, engen Hosen des amerikanischen Cowboys an, die verwaschen und blau sind. Geh' mit ihnen unter die Dusche, deutscher Abkömmling, und laß sie auf den Umfang deiner Lenden eingehen. Und wenn du dich setzt, zeichnen sich deine Eier zur Freude der Mädchen und Schwulen ab, und es bilden sich verblichene Falten über ihnen, die schon fast weiß sind.« (S. 74). Die Fotos bleiben dieselben, aber auf der Textseite wird die Erinnerung dem Zeitgeist angepasst.

32 McBride, *I, Will McBride*, S. 89.

33 Ebd., S. 76, allerdings heißt die Straße in Berlin »Brandenburgische Straße« und die Beale Street gehört nicht nach New Orleans, sondern nach Memphis.

34 Ebd.
35 Ebd., S. 128.
36 Ebd., S. 121.
37 Ebd., S. 124.
38 McBrides Überschrift im *Foto-Tagebuch*: »Popcorn und Bikini am Wannsee. Schau, wie weit die Flasche reicht«, S. 64.
39 McBride, *I, Will McBride*, S. 121.
40 McBride, *Foto-Tagebuch*, S. 69. Vgl.: Helmut Engel, Dörte Dohl, Reinhard Demps, Stefan Grell, *Das Strandbad Wannsee. Erholung für Körper und Seele*, Berlin 2007.
41 Chlodwig Poth, *Aus dem Leben eines Taugewas. Erinnerungen*, München 2002, S. 129.
42 Chlodwig Poth, *Spuck zurück im Zorn*, Frankfurt am Main 1961, S. 63.
43 Ein Kornett ist der Trompete verwandt, gedrungen, weicher im Ton; ein Nachfahre des Posthorns, aber früher als die Trompete orchesterfähig durch die Ausstattung mit Ventilen. In der Bebop-Zeit war es schon rar geworden, aber für *twen* war das Kornett mit Sicherheit ein Symbol für den Jazz überhaupt. Bei *Pardon* hatte man möglicherweise das Altertümliche daran bereits erkannt.
44 *Pardon* (1) 1963, S. 48/49.
45 *twen* (4) 1963, S. 53.
46 So gibt ihr Sohn Shawn es wieder; Telefonat am 24. Oktober 2018.
47 McBride, *Mein Italien*, S. 115.
48 Ebd., S. 35.
49 Ebd.
50 La Casa Macchia, »Beschreibung«, auf: http://casamacchia.mint.de/beschreibung/ (Stand: Januar 2019).
51 *twen* (6) 1965, »Kaufen Sie sich ein Haus in der Toskana. Erster Teil: Von Florenz ins Land des Chianti«, S. 70-81. Übrigens erinnert sich Ann Thönnissen daran, dass sie auch McBride auf den Hof hingewiesen hat. Sie glaubt, dass er zu teuer gekauft habe. Telefongespräch, November 2018.
52 McBride, *Mein Italien*, S. 115.
53 Nachzublättern ebd., S. 152.
54 René Spitz, *HfG Ulm. Der Blick hinter den Vordergrund. Die politische Geschichte der Hochschule für Gestaltung 1953-1968*, Stuttgart, London 2002, S. 41.
55 »sophie hatte ein gesicht, wie ich gesichter mag, sie hatte eine frisur, wie mir frisuren gefallen, sie hatte einen körper, wie ich körper mag. den kopf neigte sie ein wenig schräg nach hinten, blinzelte gegen die sinkende sonne und hatte einen gang mit leicht vorgeschobener hüfte, die füße etwas auseinandergestellt (wie ich). die dunklen haare von ihrem bubikopf fielen auf die geneigte seite.« – Aicher, Rekrut bei der Wehrmacht, traf sie auf ein Wochenende im badischen Münster. Sein Bericht ist nicht datiert. »es blieb uns der samstagabend, die nacht und der nächste morgen, dann mußten wir wieder zurück. am sonntagabend war der urlaub zu ende. so blieben wir die ganze zeit in einem kleinen gasthof in der eckbank am fenster und hatten kaum zeit, einmal über die wiesen zu gehen. ein gast kam selten, und die wirtin mochte denken, wir seien auf hochzeitsreise, so gut kochte sie für uns.« Otl Aicher, *innenseiten des krieges*, Frankfurt am Main 1985, S. 73.
56 Spitz, *HfG Ulm*, S. 21. Der Text wird hier in Groß- und Kleinschreibung wiedergegeben, so wie auch der Titel des Buchs.

57 *Aufwärts* (24) 1954, S. 7.
58 Tatsächlich verwendet der Zeitschriftenbeitrag von 1956 das heute »politisch korrekte« Wort »Studierende«.
59 *Aufwärts* (3) 1957, S. 6/7.
60 Dieses ist überschrieben: »SEMINAR FÜR FOTOJOURNALISMUS / HOCHSCHULE FÜR GESTALTUNG / VOM 4. – 8. OKTOBER, 10. – 22. OKTOBER 1965«. Mit Dank an den Autor Hans-Michael Koetzle und den Filmemacher Jordan Todorov.
61 Ebd., S. 24. Im Protokoll wird das so wiedergegeben: »Und deswegen habe ich Sie gebeten, aus dem eigenem Erlebnissen, was kein anderer erlebt hat, zu arbeiten, dann müssen diese Fotos unmittelbar sein.«
62 Ebd., S. 26.
63 Ebd., S. 27. Die Quelle ist hier sprachlich leicht überarbeitet, um der Verständlichkeit willen.
64 Ebd., S. 25. Die »F«- oder »Ph«-Frage in der Fotografie war lange unentschieden.
65 Ebd., S. 26.
66 Ebd., S. 46
67 Spitz, *HfG Ulm*, S. 14.
68 Poth, *Aus dem Leben eines Taugewas*, S. 136.
69 Richard Hamilton, *Collected Words*, London, New York 1983, S. 159. Dieses Buch wurde übrigens bei Staib + Mayer in Stuttgart gedruckt und gebunden.
70 Die hochgezogene Versalie »A« ist bei Hamilton das »O«.
71 Phaidon, »Richard Hamilton's love of Braun«, auf: http://uk.phaidon.com/agenda/art/articles/2014/february/11/richard-hamiltons-love-of-braun/ (Stand: Januar 2019).
72 McBride, *I, Will McBride*, S. 64.
73 Vgl. Ulf Richter, *Oskar Barnack – Von der Idee zur Leica*, Stuttgart 2009, und Hans-Günter Kisselbach, *Barnacks erste Leica. Das zweite Leben einer vergessenen historischen Kamera*, Stuttgart 2008.
74 Werner Graeff, *Es kommt der neue Fotograf*, Berlin 1929. Franz Roh, *foto-auge*, als Teil der Werkbundausstellung in Stuttgart, 1929.
75 In *twen* (2) 1969 schreibt McBride: »Er kam mir vor wie ein Jesus Christus, der sich in die Welt von 1969 verirrt hat.« – In *I, Will McBride*: »Für mich war er Jesus Christus von 1968«, S. 290.
76 Vgl. Wikipedia, »*Hair* (musical)«, auf: https://en.wikipedia.org/wiki/Hair_(musical) (Stand: Januar 2019); und: Ulrike Traub, *Theater der Nacktheit – Zum Bedeutungswandel entblößter Körper auf der Bühne seit 1900*, Bielefeld 2010.
77 Gespräch mit David Heinemann in der »Kulisse«, Maximilianstraße, München, am 8. Dezember 2018.
78 *twen* (2) 1969, S. 64-73.
79 McBride, *I, Will McBride*, S. 300-302.
80 Donna Summer, Marc Eliot, *Ordinary Girl. The Journey*, New York 2003, S. 63. Zitate hier ins Deutsche gebracht.
81 »a plain Jane«, ebd.
82 Ebd., S. 63/64.
83 Sie erscheint auch, als nackter Schattenriss in Farbe, auf dem Titel, und in einer schwarzweißen Vignette im Inhaltsverzeichnis von *twen* (12) 1969. Die Bildstrecke: S. 104-109.
84 Summer, *Ordinary Girl*, S. 65.

85 Der Text ist anonym verfasst, S. 105 und 107/108.

86 *twen* (4) 1963, S. 122 und 124.

87 Summer, *Ordinary Girl*, S. 57.

88 »It was as though she [Josephine Baker] were passing the baton to me.« Summer, *Ordinary Girl*, S. 70.

89 Vgl. Francis Otto Matthiessen, *Amerikanische Renaissance. Kunst und Ausdruck im Zeitalter Emersons und Whitmans*, Wiesbaden 1948.

90 John Brinckerhoff Jackson, *Landscape in Sight. Looking at America*, New Haven, London 2000; Robert Venturi, Denise Scott Brown, Steven Izenour, *Learning from Las Vegas*, Cambridge, Massachusetts, London 1977, und Tom Wolfe, *From Bauhaus to Our House*, New York 1981.

91 Deborah Solomon, *American Mirror. The Life and Art of Norman Rockwell*, New York 2013.

92 McBride, *I, Will McBride*, S. 43.

93 Karal Ann Marling, *Rockwell*, Köln 2010, S. 10.

94 McBride, *I, Will McBride*, S. 44.

95 Ebd., S. 43.

96 So sollte ein kleines Buch den Fortschritt seiner künstlerischen Arbeit belegen, versammelte aber eine ganze Serie signifikanter Fotografien Ulrich Hagers als Modell: Will McBride, *Situationen/Projekte. Ein Fotobuch*, Aachen 1992.

97 Will McBride, *Boys*, München, Luzern 1986, S. 52.

98 Walt Whitman, *Grasblätter*, München 2009, S. 452-454. Im Original übrigens ist es ein Kind, wenn es auch im Text (»him«) als männlich gekennzeichnet ist.

99 »and the barefoot negro boy and girl«, vgl. Walt Whitman, »There Was a Child Went Forth«, auf: https://www.bartleby.com/142/103.html (Stand: Januar 2019).

100 McBride, *I, Will McBride*, S. 284.

101 *twen* (12) 1968, S. 80/81.

102 McBride, *I, Will McBride*, S. 290. In *twen* (2) 1969 heißt es: »So lernte ich ihn kennen: ein hübscher Junge mit langen Haaren, der auf der Straße schwerverständliches Zeug vor sich hin redete.«, S. 64.

103 Annedore Leber, *Das Gewissen steht auf. 64 Lebensbilder aus dem deutschen Widerstand 1933-1945*, Berlin, Frankfurt am Main 1954.

104 Laut Schmidt-Joos war er nur kurz Bildhauer. »Einer der steinernen Löwen vor der chinesischen Botschaft in Berlin war sein Werk.« Bald wurde er Lokalreporter »beim Boulevard-Blatt *BZ*. Er blieb in Berlin, wurde als Sam Jensen zu einem beliebten Discjockey beim RIAS und machte als Chefredakteur eines Jazz-Magazins eine blendende Figur. Es waren Jobs, in denen er Rad schlagen konnte.« Aus näherer Distanz beobachtete Schmidt-Joos: Er »überspielte – wie mir schien – mit der Attitüde eines bunten Schmetterlings seine innere Unsicherheit. Mag auch sein, dass er seine bezaubernde Flatterhaftigkeit als Fluchtmechanismus aus der übermächtigen Aura des strengen Wissenschaftler-Vaters Josef Rufer entwickelt hatte, der Harmonie vor allem als mathematische Funktion von Zwölfton-Beziehungen auf seinen Notenblättern verstand.« Das Jazzmagazin *Schlagzeug*, übrigens, war ein Organ des Kalten Krieges und versuchte, durchaus erfolgreich, in die DDR hineinzuwirken. Siegfried Schmidt-Joos, *Die Stasi swingt nicht. Ein Jazzfan im Kalten Krieg*, Halle 2016, S. 480/481 und 523.

105 In München aber gibt es den Geschwister-Scholl-Platz und Straßen, die nach Willi Graf, Christoph Probst und Hans Leipelt benannt sind, sämtlich Zugehörige der

Weißen Rose. Frauke Geyken, *Wir standen nicht abseits. Frauen im Widerstand gegen Hitler*, München 2014, S. 42.

106 Ebd.

107 Antje Dertinger, *Heldentöchter*, Bonn 1997, S. 31f. Damit wollte sie wahrscheinlich sagen, dass sich die ganze Republik, Unterschiede verwischend, mit den Helden des Widerstands schmückte.

108 Thomas Alan Schwartz, *Die Atlantik-Brücke*, Frankfurt am Main, Berlin 1992, S. 239-241. Übrigens lenkte McCloy letztlich ein. Groteskerweise führte die Umwandlung der Todesstrafe in eine lebenslange Haftstrafe zu einer baldigen Begnadigung, nach McCloy, so dass die schlimmsten Kriegsverbrecher Mitte der fünfziger Jahre schon wieder frei waren.

109 Christine Hikel, *Sophies Schwester. Inge Scholl und die Weiße Rose*, München 2013, S. 18.

110 Ebd., S. 20.

111 Ebd., S. 38.

112 Die Militärregierung ließ sich sogar »von der durchaus anzuzweifelnden Argumentation überzeugen, dass selbst Inge Scholls Einsatz für den BDM eine verdeckte, ›rein antifaschistische‹ Tätigkeit gewesen sei«, Ebd., S. 119.

113 Ebd., S. 182/183. Der Berliner Autor war Christian Petry. Ein Fernsehfilm, bei dem er 1968 Co-Regie führte, hieß *Die Weiße Rose – Abschied von einem Mythos*. 1997 wurde beim Lichthof eine Dauerausstellung namens »DenkStätte Weiße Rose« eingerichtet, im Februar 2017 durch eine zeitgemäße Fassung ersetzt. Siehe auch: Simone König, *Die Gedenkveranstaltungen zur Erinnerung an den Widerstand der Weißen Rose an der Ludwig-Maximilians-Universität München von 1945 bis 1968*, München 2017.

114 »Auf dem Kuhberg«, in: *Der Spiegel* (20. März 1963), online verfügbar unter: http://www.spiegel.de/spiegel/print/d-45142776.html (Stand: Januar 2019).

115 Komplettes Faksimile der Autobahnraststättennotiz in: McBride, *I, Will McBride*, S. 158-160.

116 Gregor Schöllgen, *Willy Brandt. Die Biographie*, Berlin 2013, S. 35/36.

117 Ebd., S. 102.

118 McBride, *Siddhartha*, S. 95.

119 Will McBride, *Siddhartha*, Kehl am Rhein 1995, S. 94/95.

120 Gespräch mit Oswald Baumeister am 9. Dezember 2018 in München.

121 Gespräch mit Julia Heinemann in Ottobrunn am 9. Dezember 2018.

122 Laut Jordan Todorov, der an einem Dokumentarfilm über McBride arbeitet, zeigt der Film ein nacktes Paar, das Zärtlichkeiten austauscht, mehr nicht. Nicht auszuschließen, dass die Kopulation speziell für das Foto gestellt wurde.

123 McBride, *I, Will McBride*, S. 399.

124 *Zeig Mal!* wurde seit seinem Erscheinen im Jahr 1974 in Deutschland etwa 90000 Mal verkauft. Offenbar waren es 300000 in den USA; plus weitere Lizenzausgaben in Europa und in Japan. E-Mail von Monika Bilstein, Peter Hammer Verlag, 6. September 2018.

125 Will McBride, *Coming of Age*, New York 1999.

126 Gespräche mit F.C. Gundlach (unpubliziert), am 27., 28. und 29. April 2015.

127 Will McBride, *30 Postcards*, Köln 1994.

128 E-Mail von Rainer Langhans, 21. September 2018.

129 Es gibt einige Varianten des Bildes. Die Bildbeschreibung hier folgt einem Silbergelatineprint. Dasselbe Motiv, ganz leicht beschnitten, in *I, Will McBride*, S. 346/347.

130 Will McBride, Manfred Lütgenhaus, »Kennen Sie Salem?«, in: *twen* (9) 1962, S. 71-87.
131 Ebd., S. 73. Der Autor dieses Buchs bestätigt die betörende Wirkung der Schule, die er mit zwölf Jahren einmal von innen gesehen hat.
132 McBride, *Boys*, München 1988, S. 52.
133 »The forbidden fruit, South of France«, in: David Hamilton, *David Hamilton*, New York 1992.
134 McBride, *Boys*, S. 109.
135 Louise Bourgeois erinnerte sich so: »Mein Vater schnitt die Gestalt eines Mädchenkörpers aus einer Mandarinenschale, hielt sie vor allen Leuten hoch und rief: ›Seht alle her, das ist Louise. Sie hat nichts! Alles, was sie zwischen den Beinen hat, sind ein paar dünne, weiße Fäden!‹ Alle lachten mich aus.« Christiane Meyer-Toss, *Louise Bourgeois*, Zürich 1992, S. 19.
136 Will McBride, *Zeig Mal!*, Wuppertal 1974, S. 44/45.
137 *Die Zeit* (21. August 1992), S. 39/40.
138 McBride, *I, Will McBride*, S. 319 und 402.
139 Ebd., S. 412.
140 »hfg ulm – ein rückblick«, in: *Archithese* (15) 1975, S. 6 (Rechtschreibung übernommen).
141 Ebd., S. 5.
142 Spitz, *HfG Ulm*, S. 18.
143 *Archithese* (15) 1975, S. 8.
144 *Stuttgarter Nachrichten* (6. Dezember 1968).
145 *Die Zeit* (26. Juli 1974).
146 Regina Holler, *20. Juli 1944. Vermächtnis oder Alibi?*, Berlin 1994, S. 221.
147 Felicitas von Aretin, *Die Enkel des 20. Juli 1944*, Leipzig 2004, S. 261. In ihrem Bericht ist David Heinemann ein Zwanzigjähriger, tatsächlich war er 21 Jahre alt. In seiner ungehaltenen Rede bezeichnet er die Nachkommen der »Toten« als »Antifaschisten« und hält Filbingers Rolle als Marinerichter in Norwegen – soweit damals bekannt – dagegen: »Es wäre also ein Verrat an ihnen [den Toten], wenn wir die Gedenkreden zum 20. Juli irgendwelchen Ablegern von Roland Freisler überlassen würden.« Die Konfrontation wohl voraussehend, hatte David der Rede als letzten Absatz angefügt: »Dies ist eine ernste Feierstunde, und sie sollte ernst genommen werden. Artet sie zur Politposse aus, so sehe ich für mich und meine Altersgenossen mehr Sinn im stillen Gedenken. Zu Hause.« (Das Redemanuskript lag dem Autor im Original vor.)
148 »Direkte Ansichten«, in: *taz* (22.1.1997), S. 12.
149 Editorial, nicht gezeichnet, in: *twen* (1) 1961, S. 18.
150 *twen* (2) 1969, S. 100/101.
151 Wolfram Siebeck, »Vierzig côtes und kein coq. Die Leiden eines Zwei-Sterne-Kochs im Münchner ›Tantris‹«, in: *Die Zeit* (14) 1975, S. 49.
152 Wolfram Siebeck, *Die Deutschen und ihre Küche*, Reinbek bei Hamburg 2008, S. 234.
153 Ebd., S. 230.
154 *twen* (6) 1962, S. 87-89.
155 Barbara Siebeck, *Die Siebeck. Unterwegs mit ihm*, Winden im Elztal 2015.
156 McBride, *Foto-Tagebuch*, S. 9.
157 McBride, *Boys*, S. 109.
158 McBride, *I, Will McBride*, S. 55. Natürlich heißt es korrekt »Oberstleutnant«, aber Will McBrides Deutsch wurde in einigen seiner Bücher nicht korrigiert.
159 Ebd., S. 420-426.

# Bildtitel und -nachweise

S. 53 Junge wärmt sich auf, Berlin, 1957
S. 54 Kinder beim Wasserholen in Moabit, 1956
S. 55 Zeitungskiosk am Kurfürstendamm, undatiert
S. 56 Konrad Adenauer im Rhöndorfer Garten: »Herr McBride, ich möchte Ihnen etwas schenken …«, 1964
S. 57 Kremserfahrt Nähe Potsdamer Platz, Berlin, 1960
S. 58 Anhalter Bahnhof, Berlin, 1955
S. 59 Friedrichstraße, Panzeraufmarsch, Berlin, 25., 26. oder 27. Oktober 1961
S. 60 Kinoplakat vor der Montage auf dem Kurfürstendamm, 1956
S. 61 Straßenbau, Berlin, 1956
S. 62 Die McBrides zu Besuch bei der Familie Poth in Frankfurt am Main, 1962
S. 63 Willy Brandt, 1961
S. 64 Tanz vor der Trödelhandlung Kurt Mühlenhaupt in Kreuzberg, 1959
S. 65 John F. Kennedy, Willy Brandt und Konrad Adenauer im Auto vor der Mauer am Brandenburger Tor, 26. Juni 1963
S. 66 Stöffie, Berlin, 1959
S. 67 Flaschenspiel im Strandbad Wannsee, 1959
S. 68 Riverboat Shuffle (Sommer), Berlin, 1959
S. 69 Riverboat Shuffle (Mit Vespa), Berlin, 1959
S. 70 Mauer mit weißem Strich, Berlin, 1957
S. 119 Ein ertrunkenes Mädchen wird geborgen, Berlin, 1956
S. 120 Das neue Sommerkleid, 1957
S. 121 Wahlkampf, Saarland, 1965
S. 122 Barbara bei der Geburt des ersten Kindes, Berlin, 1960
S. 123 Berlin, 1960

Bildtitel nach bestem Wissen aus verschiedenen Quellen zusammengetragen von Ulf Erdmann Ziegler, mit Hilfe von Shawn McBride, Barbara Siebeck und Stephan Schurr.

# Inhalt